A Beginners Guide to Camping

キャンプ雑学大全 2020 実用版

[著] 牛田浩一

はじめに

昨今のキャンプブームには驚かされます。キャンプを題材にしたマンガが出版されたり、テレビでもキャンプが取り上げられたりして、ついには芸人さんやタレントさんまでのめり込んでいます。つい先日も〝キャンプの聖地〟と言われている（らしい）「ふもとっぱら」に仕事で行ったら、1500組、約5000もの人がそこにいました。近隣でいうと山梨県山中湖村の人口とほぼ変わらない人々が、ひとつのキャンプ場で過ごしていたことになるくらいです。

私がアウトドアを始めた80年代は、ちょうどアメリカから「オートキャンプ」という言葉が入ってきて、「コールマン」や「ザ・ノース・フェイス」というブランドが日本でも流行り始めたものの、まだ並行輸入品も多く、海外ブランドの価格は〝本国の倍〟という時代でした。

私の父親が当時、上野の某アウトドアショップに並べられたコールマンのランタンを買おうかどうしようかと悩んでいた姿が思い出されます。要するに、そのくらい高価だったということです。テントはキャンバスでテーブルは自作、バーナーは鋳物製でガスタンクと、お祭りのテキ屋さん状態。キャンプ場のトイレはボットン（くみ取り式）が当たり前で、お湯など出ようはずもない。ハードもソフトも今のように充実したものはなく、便利グッズもないからこそ、大人も子どもたちも自分が使いやすいように、楽しめるように創意工夫を凝らしていました。

本書はそんな時代を目の当たりにしてきた私自身の経験、そして先人や諸先輩方の知恵・知識をベースにして、実際に試したモノ・コトを基に著しています。優れたキャンプの指南書が世にたくさんあふれている中で、本書の雑学を皆さんのアウトドアライフ、そして昨今増え続ける自然災害のような有事の際に生かしてもらえれば幸いです。

私は自然と遊び、身を置くことで多くの知識を身につけ、感動を得てきました。釣りで魚と対峙する術を、カヤックやサーフィンで潮と風を、登山でその雄大さと自然の厳しさ、そして一歩一歩の大切さを。まだまだ若輩の私が言うのもおこがましいことではありますが、自然と接する（遊ぶ）ことで得た知識・経験は、「状況に応じて臨機応変に対応する能力」を磨いてくれると思っています。有事の際にも自身、そして家族を守り、困っている人を助け、ライフラインが途絶えたとしても「状況に応じて臨機応変に対応する能力」が必ず発揮されるはずです。そのためには普段から自然に身を置き、道具に慣れておかないといけませんが、別にわざわざ時間とお金をかけて遠くまで出かける必要はありません。日本に「バックパッキング」と「フライフィッシング」を紹介し、「アウトドア」という言葉を広めた芦沢一洋氏の著書『アーバン・アウトドア・ライフ』でも示されているとおり、都会においても公園や土手といった小さな自然は確かに存在します。自転車で少し離れた川原に出かけてもいいでしょう。デイパックにお気に入りのコーヒー豆とグラインダー、ドリッパー、そしてバーナーを詰め込んで、余力があればホットサンドメーカーと好きな食材を携えて臨むピクニック感覚の〝プチアウトドア〟でも、充分に得られるものがあります。こんなところに〝ノビル〟が群生しているとか、気になった雲の形を調べるとか、風が急に冷たくなったと思ったら雨が降り出したとか……。

本書を片手に今の生活にわずかでもアウトドアを取り入れ、「アウトドア・ライフ」を楽しむ方がひとりでも増えてくれれば、これに勝る喜びはありません。

牛田浩一

INDEX

キャンプの雑学

準備編

【設営編】

実践編

心得編

基礎の基礎編

Special Contents

キャンプの雑学

準備編

キャンプの雑学
001

はじめてのキャンプは近場から始めるのが理想

キャンプを始めたばかりのときは、なるべく自宅近くのキャンプ場を選ぶのがオススメ。長時間の運転や移動で疲れてしまって、せっかくのキャンプを存分に楽しめないのはもったいない。

チョイ足し知識

早めに撤退を決断できればキャンパーとして一人前

ひどい風でタープが吹き飛ばされたり、降りしきる雨でサイトが水浸しになったりすることも。不慣れな設営だとリスクも高まるので、悪天候時はクルマへの避難、帰宅も踏まえて判断したい。最悪の事態を想定して早めに撤退の決断を下せれば、キャンパーとして一人前だ。

キャンプの雑学 002

クルマを横付けできるキャンプ場はやっぱり便利

クルマを乗り入れてサイトに横付けできるキャンプ場なら、キャンプ道具の搬入出や展開が格段にラクで便利。荷物の整理もおぼつかない初心者のうちは、こうしたキャンプ場を積極的に選びたい。

リヤカー搬入出のキャンプ場なら駐車場からの距離を調べておこう

公営で特に多いのが、駐車場から離れたサイトまでリアカーで荷物を運ぶシステムのキャンプ場。場所によっては、高低差がある道を重いキャンプ道具を押して何往復もすることに。あらかじめ駐車場からの距離を調べておき、運びやすいカートを用意するなどして対処したい。

キャンプの雑学
003

家族連れやビギナーには「区画サイト」が最適

キャンプ場内の好きな場所に自由にサイトを作れるフリーサイトも魅力だが、家族連れや初心者には、確実に自分のスペースが確保される区画サイトがオススメ。キャンプに慣れるまでは、スペースが限られている区画サイトのほうがレイアウトや導線を考えやすい。

区画サイトを上手に使うために自前の道具の大きさを把握しよう

テントやタープなど自前のキャンプ道具の大きさを把握しておけば、キャンプ場で用意される区画サイトのスペースで、理想のレイアウトを実現できるかどうかのシミュレーションが可能。いざキャンプ場に到着したら思ったより狭かった！　なんて失敗もなくなるはずだ。

キャンプの雑学

004

キャンプ場の標高が高いと想像以上に気温が冷え込む

キャンプの夜の大敵は、なんと言っても寒さ。一般に標高が100m上がるごとに気温は0・6℃下がると言われており、利用するキャンプ場の標高によっては思っていた以上に寒くて、眠れなくなることも。事前の下調べが重要だ。

キャンプ場の天気ももちろん調べておこう

山間部は天気が変わりやすく、日の入りの時刻も平地より早かったりする。キャンプのタイムスケジュールをしっかりと計画するためにも、事前にそのキャンプ場のピンポイントな天気を調べておきたい。

キャンプの雑学 005

使い古したタオルを持って行くと要所で活躍してくれる

使い古したタオル（特にフェイスタオル）は普通にタオルとして使えるだけでなく、最終的には雑巾代わりになって便利。撤収の際、テーブルやチェアの脚に付いた土を拭ったり、クーラーボックスやテントのボトム部分に付いた草を払ったりもできる。

さらに上級者は手ぬぐいを持参

手ぬぐいの使い勝手はフェイスタオルに勝るとも劣らない。長さがあって手でも割ける作りを生かし、バンダナの代わりや日除けの首巻きにしたり、風呂敷のように使ったりと、いろんな使い方ができる。濡れてもすぐに乾くので、衛生面でも優れる。

キャンプの雑学 006

意外と厄介なイビキ問題 念のため耳栓持参が吉

同じテント内で複数人で寝る場合は、イビキ対策も忘れずに。神経質な人なら、隣のサイトから聞こえてくるイビキも気になるかもしれない。また、雨天時は雨がテントを叩く音も意外とうるさいので、耳栓で対策しよう。

さらに快眠を求めるならアイマスクも

一般的にテントはあまり光を遮らないので、お日様が昇るとすぐにテント内は明るくなる。日の出とともに起きたくないなら、アイマスクを付けて寝るといいだろう。

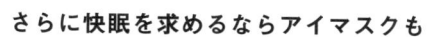

キャンプの雑学 007

掘る、すくう、ならす……意外と役立つ小型スコップ

小型のスコップがあると何かと重宝する。ペグが効きにくい砂地で硬い地面が出るまで穴を掘るときや、炭をならしたり灰を集めて片付けたりするときにも役立つ。さらには、子どもの遊び道具としても活躍してくれる。

ほうきも“あるといいな”の代表格

テントの中には意外なくらいに土や砂、草などが侵入するもの。こうした細かなゴミを簡単に集めて捨てられるよう、小さなほうきをひとつ持って行こう。これがあれば、ゴミを外に払うために撤収時にインナーテントをひっくり返す必要もない。

キャンプの雑学 008

汎用性が高いロープは太さ5㎜くらいの〝細引き〟

〝細引き〟と言われる、ナイロン製のロープも重宝する。特に太さ5㎜前後のものは木々の間やテントの中に張れば物干しになるし、キャンプ道具や薪の結束にも使いやすいので、3、4本は持っておきたい。

チョイ足し知識

寝袋のファスナーに付けても便利

細引きでループを作って、寝袋のインナー側ファスナーにくくりつけておくと意外と便利。寝袋内で横になった状態からでも、身体をあまり曲げずに手を伸ばすだけでファスナーを開閉できるのでラクチンだ。寒い日は特に重宝するはず。

キャンプの雑学 009

体にも優しい虫除けスプレーは意外と簡単に自作できる

簡単に自作できるハッカ油の虫除けスプレーは、人の身体にも自然環境にも優しいスグレもの。高濃度エタノール10mL精製水90mL、ハッカ油数滴を混ぜ合わせるだけで完成する。インナーテントのメッシュにかけても効果がある。

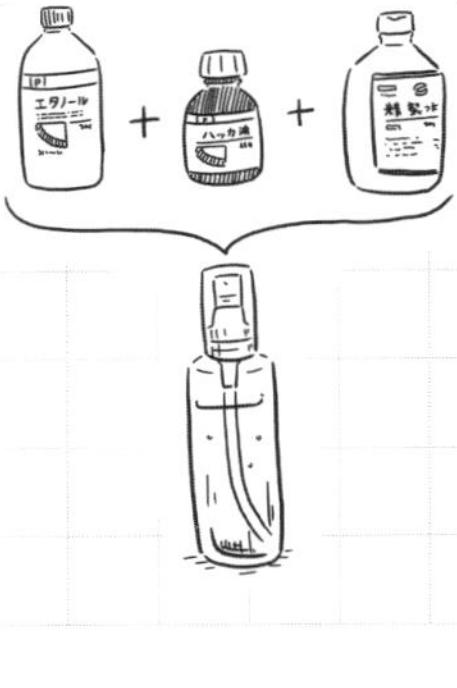

夏キャンプ必需品、蚊取り線香

日本の伝統的な虫除け対策である蚊取り線香も、もちろんキャンプでは非常に有効。各自のチェアの足元やテントやタープの周囲、風上などを意識して設置すれば、より効果的に蚊を追い払える。

キャンプの雑学 010

料理の仕込みを事前に済ませるとキャンプ場ではラクできる

調理器具や調味料も揃わない不慣れな環境で食材を切り分けたり、味付けしたりするのは想像以上に大変。できるだけ下ごしらえは家で済ませておき、キャンプ場では鍋やフライパンに投入するだけの状態にしておくとラクチンだ。

チョイ足し知識

下ごしらえした食材を入れるのはファスナー付きビニール袋が◎

下ごしらえした食材は、ファスナー付きビニール袋に入れて持って行くのが正解。使った後は折り畳めてかさばらないし、しっかり密閉すれば匂いも漏れず、洗うのが難しい環境でも困らない。

キャンプの雑学 011

お米は1合ごとに袋分けしておくと便利

キャンプ場にお米を持って行くときは、あらかじめ自宅で計量して、1合ごとに袋分けしておくといい。現地で量らずに済むので、お米をこぼしたりすることもない。

チョイ足し知識

キャンプでは無洗米がラク

洗うための大量の水も必要とせず、排水となる研ぎ汁も出さない無洗米はキャンプに最適なチョイス。普通のお米と違って1割ほど水を多くし、時間があれば水に浸しておくのが、無洗米を美味しく炊くコツだ。

キャンプの雑学 012

紙パックに入っている液体は密閉容器で持ち運ぶとラク

紙パックに入った液体は一度口を開けると横倒しにできず、保管が面倒。そんなときは、密閉容器に移し替えて持って行くとよい。ただし牛乳などは加熱調理用途に限り、できればガラス容器を使うのがベターだ。

調味料ボックスはIN⇔OUT兼用ボックスで持ち出しやすく

キャンプ用に多くの調味料をそろえるのは大変だし非経済的なので、自宅と共用するのがオススメだ。普段から自宅で使う調味料をボックスにまとめておけば、そのボックスをキャンプ場に持って行くだけでいつもの調理環境ができあがる。

キャンプの雑学 013

卵を割らずに持ち運ぶなら100均でも買えるケースが◎

運搬が難しい食材の代表格である卵は、卵専用ケースに入れておくと安心。ケースは2個用や6個用などがあり、100均ショップなどで購入できる。なお、通常は常温保存できる卵だが、外気が35℃を超える場合はクーラーボックスに入れておきたい。

野外での食べ物の一時保存にはシリコンラップが活躍する

100均グッズからはシリコンラップもオススメ。洗って何回でも使えてエコなうえ、料理に集まる虫などをシャットアウトしてくれる。堅いキャップを開ける際や、食器の滑り止めとしても役立つ汎用性の高さも魅力。

キャンプの雑学 014

牛乳パックで作る角氷は溶けにくくて冷えが長もち

板氷やロックアイスは高価なので、牛乳パックで氷柱を自作しよう。大きな固まりの氷は外気に触れる表面積が少ないため溶けにくく、小さな氷よりも冷やす効果が持続する。

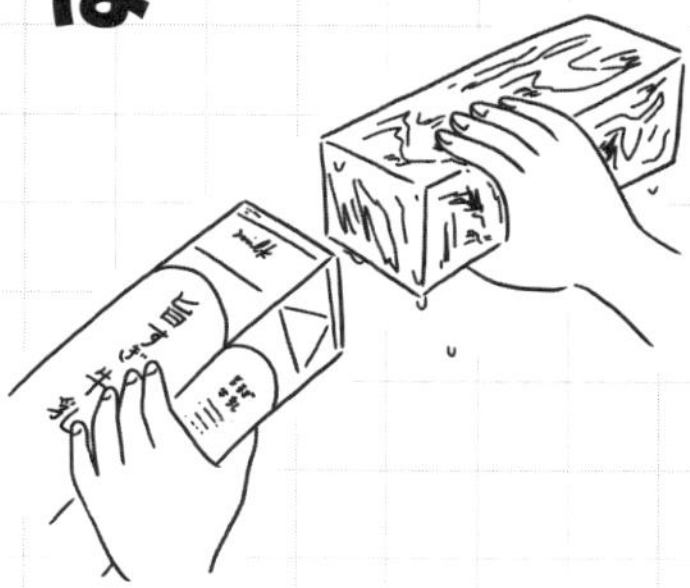

チョイ足し知識

沸騰させた水で氷を作ればさらに冷えが長もちする

牛乳パックで氷を作る際は、一度沸騰させてから冷ました水を使うとよい。沸騰すると水中の空気が抜けるので、密度が高くて溶けにくい氷ができあがる。

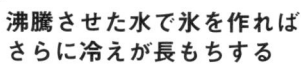

キャンプの雑学 015

ペットボトルの水を凍らせておくと保冷剤として活躍する

ペットボトルに入った水を持って行く際は、あらかじめ凍らせておくと保冷剤の代わりになる。そのままだと破裂する可能性もあるので、中身を少し減らしてから冷凍庫に入れよう。もちろん溶ければ飲料水になる。

チョイ足し知識

日本酒も凍らせて保冷剤にしよう

水に限らず、アルコールも凍らせれば保冷剤の代わりに。特に日本酒は、-7～-10℃くらいから凍り出すので、強めに設定した冷凍庫に一晩入れて凍らせれば、頼もしい氷点下保冷剤になる。ただし凍ると風味が落ちるビールは保冷剤に向かないので注意。

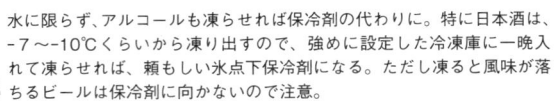

キャンプの雑学 016

サイト設営中に口にできる簡単な食事があると嬉しい

いざキャンプ場に着いてサイトを設営し始めると小腹が減ってくる。それなのに設営で忙しくて料理を作る暇が取れない……というのは「キャンプあるある」。おにぎりやサンドイッチなど、設営中でも手軽につまめる食べ物を用意しておくとお腹も安心だ。

設営作業の中で子どもに人気No.1の作業はペグ打ち

ファミリーキャンプなら、ペグ打ち用のハンマーは複数持って行きたい。子どもはけっこうペグ打ちをやりたがるので、任せてしまえば設営もラクになる。大人だけで設営していて、退屈した子どもがどこかに行ってしまう心配もない。

キャンプの雑学

017

体温調節しやすい重ね着でキャンプがもっと快適に

屋外で気温の変化が激しく、運動によって自身の体温も変動しやすいキャンプには、重ね着が最適。一番下には吸水速乾性のシャツ、その上には保温性の高いフリースやインナーダウン、一番外側には防風性の高いシェルなどがオススメ。これらを脱ぎ着して調整しよう。

暑い夏でもできれば長袖長ズボンがベター

気温が高い夏でも、虫刺されや日焼けを考慮すると長袖長ズボンを着用し、暑かったらまくるなどして対応するのがベターだ。また、日射しが強い時期は、日除けとなる帽子を必ず用意しておきたい。

キャンプの雑学 018

キャンプの始めたては普段着の延長でもOK

初めのうちは、普段着ている服からキャンプに適したものを選んで着るのでも充分。ただし体温調整のために、脱ぎ着しやすい服装を選ぶようにしたい。

チョイ足し知識

焚き火を安全にできる服装かどうかは大事

普段着でOKと言っても、キャンプの醍醐味である焚き火に耐えうるかは重要。焚き火をすると独特な匂いが衣服に染み付くし、爆ぜた火の粉で生地に穴が空くことも。たとえば、アウターに化繊素材のダウンジャケットは御法度。火の粉に強いコットンやデニム地などを選ぼう。

キャンプの雑学 019

蚊やハチが寄ってきやすい黒い服は控えたほうが無難

キャンプファッションで避けるべきカラーは、断然黒色だ。ハチは黒色をめがけて攻撃してくるし、蚊も暗い色を好む。また、万が一遭難した場合も、暗いカラーだと目立たず発見されにくい。

虫が寄ってこない色は残念ながら存在しない

虫が黒色を好むなら、逆に虫が嫌う色もあるのでは？　と考えるかもしれない。だが、残念なことに「このカラーの服装なら虫が寄ってこない」なんて、そんな虫のいい話はない。

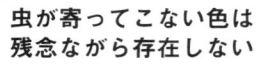

キャンプの雑学 020

エプロンは使い勝手がよく キャンプ上級者感も出せる

昨今流行りのキャンプ用のエプロンは、まさに「身に付ける道具箱」。設営や焚き火、調理に必要なアイテムを携帯できるうえ、汚れや火の粉からウエアを守る役割も。エプロンを使いこなすと上級者感も醸し出せる。

チョイ足し知識

アクティビティをする際は サコッシュなどが動きやすい

“キャンプあるある”のひとつが、財布や携帯といった貴重品の保管にまつわる悩み。パンツのポケットに入れておくとなくしがちなので、落としにくい薄くて小さい財布を用意したり、サコッシュやヒップバッグに入れて肌身離さず携帯したりするとよい。

キャンプの雑学

021

キャンプ中の雨降り対策にレインウエアは必ず用意

アクティブに動かなくてはいけないキャンプでは、レインウエアは必須。傘を差した状態では片手が塞がってしまい、サイトの設営も撤収も満足にできないからだ。

もちろん傘もあったら便利

アウトドアで傘？　と思うかもしれないが、ちょっとトイレに行ったりする際にわざわざレインウエアを羽織る必要がないのは、ラクで助かる。

キャンプの雑学 022

2足の異なる種類のシューズを持参するとキャンプが快適に

アウトドアの過酷な環境を考えると、普通のスニーカーでキャンプを過ごすのは心許ない。水や泥汚れに強い堅牢なシューズと、気軽に脱ぎ履きできるシューズの2足を持って行き、TPOに合わせて使い分けよう。

思った以上に重宝するキャンプ中のサンダル

頻繁にテントの出入りがあるときや、夜にトイレに行くときはサンダルがあると快適性がアップ。サンダルと組み合わせるもう１足には、保護性と堅牢＆防水性に優れるアウトドアブーツがオススメだ。

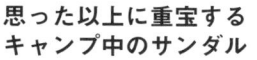

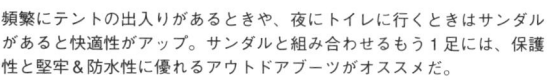

キャンプの雑学 023

荷物の積み込みの基本は面を作る&隙間を埋める

「面を作る」とは、荷室の凸凹を埋めて平らな床と側面を作ること。きれいな面ができたら大きな箱状の荷物を置いて、そこで生まれた凸凹をまた小さい&細いもので埋めていく。この繰り返しが空間の有効活用につながる。

チョイ足し知識

筒状のテントやタープ類でデッドスペースをなくそう

収納袋に入ったテントやタープ類は細長く、荷室に生じた凸凹（隙間＝デッドスペース）を埋めるのに最適。隙間を埋めることで大きな荷物が固定され、走行中もグラつかなくなるメリットがある。

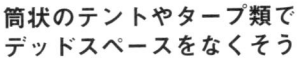

キャンプの雑学 024

最後はクーラーボックスや重い荷物を積み込むのが◎

コンテナやクーラーボックスのような重い荷物を後部に積み込むと全体が安定して、荷崩れを防げる。特にクーラーボックスを最後に積み込むと、キャンプ場に向かう途中で買い出しした際にも使いやすく便利だ。

チョイ足し知識

マットやシュラフ類は緩衝材としての役割も

丸めたマットやシュラフ、クッション類は凸凹を埋めるだけでなく、緩衝材の役割も果たす。ランタンのような衝撃に弱いアイテムや、クルマのリアウィンドウのそばに配置したい。

キャンプの雑学 025

小物用の丈夫なボックスは別の用途でも役立つ可能性大

キャンプ小物や調理道具、バラバラになりやすいカトラリーなどはボックスにまとめておく。積み重ねできる丈夫なコンテナ型にしておけばクルマに積載しやすいうえ、キャンプ中は洗い桶やベンチの代わりにもなる。

チョイ足し知識

小物用のボックスはジャンル別でまとめる

小物を収納するボックスは調理器具系、焚き火系、バーナー系のようにジャンルごとにまとめたい。使い勝手がよくなるだけでなく、たとえば「焚き火グローブの汚れがカトラリーに付着する」といった事態もなくなり、撤収時の片付けがラクになる。

キャンプの雑学 026

荷物を運ぶときは重い荷物を上に置く

複数の荷物は、下に軽いもの、上に重いものを持つと運ぶのがラクになる。荷物全体の重心が高くなるので体の中心に近づき、荷重の移動が最小限になる……という理屈だ。

キャリーカートは出発前から大活躍する頼もしい相棒

クルマが乗り入れられるキャンプ場に行く場合でも、マンション住まいならキャリーカートを持っておきたい。家から駐車場までキャンプ道具を搬入・搬出する際に、カートのあるなしで手間としんどさが大違いだ。

牛田のなんでもNo.1×*80 Answers* ❶

アウトドアの達人・牛田浩一がキャンプにまつわる私的“No.1”を明かします。

01 **荷積みに適していたクルマNo.1は？**
トヨタハイエース (牛)積載能力がとにかくスゴイ。前職で使い倒したということもあるが

02 **効率的だと思う荷積みの仕方No.1は？**
クーラーボックスをいつでも開けられるようにする (牛)上にものを置くと目的地まで使えなくなる

03 **キャンプで痛かった出来事No.1は？**
アブに刺された (牛)干していたシャツを着たら、背中にブスッ！　火箸で刺されたような熱さを感じた

04 **寝心地のよかった枕No.1は？**
サーマレストのエアーヘッドピロー (牛)昨年から使っていて、今や超愛用品！

05 **寝心地のよかったマットNo.1は？**
サーマレスト モンドキング３D (牛)インフレータブル式で厚さ10㎝。表面の肌触りも最高！

06 **寝心地のよかったコットNo.1は？**
バイヤーオブメイン トライライトコット (牛)コンパクト性と寝心地を兼ね備える。今でも愛用中

07 **寝心地のよかったシュラフNo.1は？**
ナンガ オーロラライト６００DX (牛)ショルダーウォーマーが冷気を遮断。フカフカでとにかく気持ちがいい

08 **早かった火おこし方法No.1は？**
どれも五十歩百歩 (牛)焚き付けになる木っ端があるかないかが重要

09 **信頼できるシェルNo.1は？**
アークテリクス サイドワインダー (牛)シームが剥がれるまで15年間着用。動きやすさと耐久性は抜群だった

10 **必ず持って行くアイテムNo.1は？**
スキレット (牛)事前に食材を買わず、地産のものや旬のものを調理するので

11 **キャンプでの失敗No.1は？**
私、失敗しないので（笑） (牛)でも学生時代に堀を作らずに水はけの悪いところにテントを張り、翌朝ウォーターベッド状態だったことはある

12 **重宝するアイテムNo.1は？**
牛乳パック (牛)製氷器、着火剤、火消し壺、まな板、カップ……用途は多彩

13 **ギア選びで心がけることNo.1は？**
使う喜びを感じられるかどうか (牛)使い勝手が悪くても、自分が気に入り喜びを感じるものならずっと使う

14 **キャンプに最適なプレイリストNo.1は？**
自然の音 (牛)個人的には鳥や虫の声、風の音、テントを叩く雨の音はずっと聞いていられる

15 **遭遇したくない害虫No.1は？**
マダニ (牛)犬も連れて行くので、できれば接触したくない

16 **思わず二度見したファッションNo.1は？**
ピンクのワンピース (牛)加えて腰ベルトにパンプス。野外フェスでのことだった

17 **何度もやりたいアクティビティNo.1は？**
釣りとサーフィン (牛)特にこの二つは、まさに“一期一会”で何度やっても同じ状況がない。だから中毒性がある

18 **キャンプ好きになってほしい子どもにかける言葉No.1は？**
特になし (牛)言葉よりも思い出が大事。逆を言えば、たとえ悪環境に遭遇しても思い出にしてあげられる準備が必要

19 **真似したいと思ったサイトレイアウトNo.1は？**
特になし (牛)大切なのは、そのときの現場環境と自分の使い勝手

20 **持っていきたい万能調味料No.1は？**
マキシマム (牛)クレイジーソルトにもう少しスパイスを加えた感じ。何にでも使える

キャンプの雑学

【設営編】

キャンプの雑学 027

周囲より低い場所にサイトを設営するのは×

サイトについてまず気にするべきは、周囲との高低差。他より低い窪地になっていると、雨が降った際に水が溜まり、テントが浸水する恐れが。水の通り道になっていないかも確認しよう。

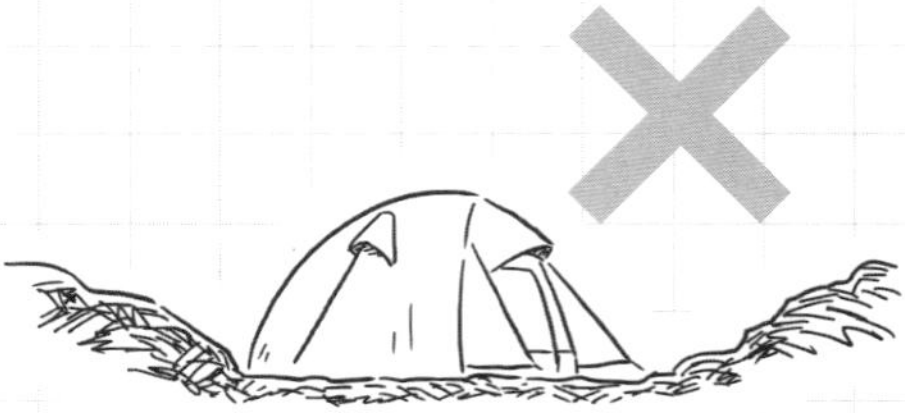

風の対策も考えて設営ポイントを決定

風が強いときは、風の影響が和らぐポイントを探したい。森や大きな木は風を遮ってくれるし、最悪の場合はクルマを盾にすればいい。タープやテントの設営もラクになる。

キャンプの雑学 028

便利そうでも避けたい トイレ近くのサイト設営

サイトのそばにトイレがあるのはいいことに思えるが、深夜や早朝を問わずに人の出入りが発生する。足音やドアの開閉音、明滅する灯りなどが気になって熟睡できない可能性もあるので、避けたほうが無難だ。

チョイ足し知識

炊事場のそばも避けたほうがベター

炊事場のそばは便利に思えるが、やはり自分のサイト近くをたくさんの人が往来するのは落ち着かないもの。少し離れた場所に陣取りたい。

川の中州でのサイト設営は大事故につながる可能性あり

現地が晴れていて中州に渡れたとしても、川の上流では雨が降っていて、知らぬ間に増水して川岸に戻れなくなることも。最悪の場合は鉄砲水に巻き込まれかねないので、川の中州にサイトを作るのは御法度だ。

チョイ足し知識

意外と危険な大きな木のそば

原っぱに数本だけ生えた大きな木のそばにサイトを設営するのも避けたいところ。周囲に何もない場所では、雷雲が発生した際に高い木を目がけて落雷する危険性がある。

キャンプの雑学

030

凸凹&石が多い地面も快適なサイトに不向き

サイトを設営する場所の目星が付いたら、地面の状態もチェック。極端に凸凹していたり、石が多かったりする地面だと、その上で快適に過ごすのは難しい。

最終的には寝転がって傾斜をチェックする

最終的には実際に寝転がってみるのがオススメ。立っていると意外とわからないが、寝転ぶと傾斜を感じることはけっこうある。傾斜がキツいと寝づらくなるので、できるだけ平らな場所を探したい。

設営ポイントを探しながら小枝などを拾うと効率アップ

設営ポイントを探してキャンプ場を散策している最中に乾いた小枝や葉っぱを拾っておくと、焚き火をする際に焚き付けとして使える。雨天時は濡れた地面に落ちているものではなく、木に引っかかった乾いた枯れ葉や枝を選ぼう。

松ぼっくりは天然の着火剤

松ぼっくりはヤニを含んでいるうえ、もともと笠が開いているので燃えやすく、よい着火剤になる。散策の際に見つけたら拾っておきたい。

キャンプの雑学

032

キャンプ道具の展開にブルーシートは必需品

キャンプの主役はキャンプ道具だが、それを陰で支えるのが汎用性の高いブルーシート。クルマから運び出した道具を一時的に置いたり、地面に触れて汚さないようにテントやタープの幕体を広げたりと、いろんなシーンで重宝する。

ベンチは荷物のチョイ置きにも便利

座って使う以外にも重宝するのが、キャンプ用の折り畳み式ベンチ。設置場所を決定する前のクーラーボックスやテント、タープのスタッフバッグなど、地面から逃がしたいアイテムを一時的に置くのに役立つ。

キャンプの雑学 033

テントとタープが離れていると快適さが損なわれる可能性あり

タープの下は、キャンプサイトにおける「リビング」だ。そんなリビングに雨が降っても濡れずに移動できるよう、タープとテントはできるだけ近づけて立てておこう。

チョイ足し知識

クルマを停める位置を工夫してプライバシーを確保しよう

周囲からの目隠しになる場所にクルマを置けば、プライバシーの確保に役立つ。また、多少の防音効果も期待して、隣接サイトと自分のサイトを遮るようにクルマを配置するのも手だ。

キャンプの雑学 034

小川張りを習得すれば雨天時も怖いものなし

幕体とメインポールの間にロープを渡してタープを張るのが、通称「小川張り」。渡したロープ下にテントを置けばテントの後ろからタープを張る形になり、出入口前にあると邪魔なポールはどこへやら。テントとタープが一体化するので省スペース。ただし、強風時には注意。

小川張りの語源はテントメーカーogawaのシステムタープにあり

「小川張り」は日本のテントブランド「ogawa」が発売している「システムタープ」が元になっており、同製品にはポールをセットバックするためのセッティングテープが付属する。幕体とポールの間に渡すロープの強度を高め、長さも調節しやすくしたものなので、初心者にオススメ。

使うタイミングを意識してキャンプ道具を配置すると◎

キャンプ道具は使うタイミングが同じ物同士を近づけて配置するのが便利。たとえばクーラーボックスでも、食材が入ったボックスはキッチンテーブルの近く、飲み物が入ったボックスはリビングテーブルのそばに置きたい。

キッチンレイアウトは作業手順に沿って

キッチンのレイアウトは、実際の作業手順に沿って「取り出す（洗う）」「切る」「調理」の順がベスト。クーラーボックス（ジャグ）、キッチンテーブル、バーナーの並びにすると、作業効率がアップする。

焚き火台を設置する場所はテントやタープから最低２ｍ以上

焚き火と言えば、突然爆ぜて思わぬ方向に飛んでくる火の粉が付きもの。これがポリエステル製のテントやタープに降りかかると、幕体に穴が空いてしまうことも。防ぎたいなら、焚き火台は幕体から最低でも２ｍほど離して配置するのが鉄則だ。

チョイ足し知識

バーナーはタープ下の端に配置

バーナーなら火の粉が飛ぶ心配もないのでタープ下でも使えないことはないが、タープの真ん中に配置すると、調理時の煙や熱がタープ内にこもってしまう。なるべくタープの端の方に配置するのが望ましい。

キャンプサイトの作り込みはタープを張るところから

タープを持って行く場合は、サイト設営の最初に張るのが吉。雨が降っていてもタープの下で他の道具を展開できる。タープとテントのサイズ関係にもよるが、インナーテントを濡らさずに設営できたりするメリットも。

チョイ足し知識

初心者キラーのタープは予習でスムーズ設営に

初心者には設営が難しいと思われがちなタープも、要領さえつかめば1人で簡単に、しかも短時間で張れるようになる。あらかじめ設営動画などを見て予習しておくことも大事だ。

タープ設営時のポールの角度は地面に対して80度で安定する

タープのポールは地面と直角（90度）に立てるのではなく、少しだけ接地面をタープ側にずらして80度くらいに傾けると、タープが強固に安定する。

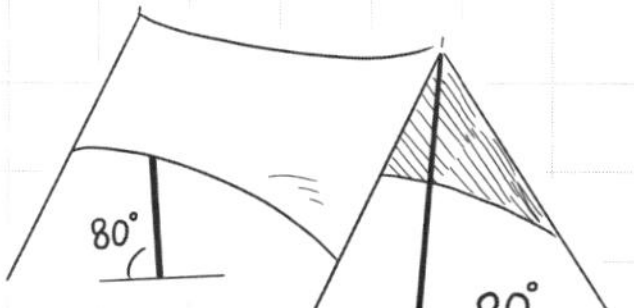

チョイ足し知識

タープ設営時に気をつけたい太陽が回る方向と風の向き

日除けとして使うタープは、太陽が回る方向を意識して効果的に影を落とす向きに設営したい。また、タープは風の影響を受けやすいので、風が強いときは風にあおられにくい方向に位置調整したり、高さを抑えたりして備えよう。

キャンプの雑学

039

グランドシートを敷けば テントの防御力がアップ

テントの下にはグランドシートと呼ばれるシートを敷いて、生地の損傷や防水力の低下を防ぎたい。多少の断熱効果も得られ、小石や突起物からテントのフロア生地を守ってくれる。ブルーシートやレジャーシートでも代用可能だ。

グランドシートはテントから はみ出させないように敷く

グランドシートがテントのボトムからはみ出していると、雨天時にシート上に水が溜まってテントが浸水してしまう。シートが大きい場合は折り畳むなどして、必ずテントより小さく収めよう。

キャンプの雑学 040

強風時はテントの入口を風下に向けるのが正解

強風時はテントの入口を風下に向けるとテント内に風や雨が入らずに済む。一般的なドームテントの場合は、最初にインナーテントを広げて風上側をペグダウン。フレームを通したのち、フライシートを一部でもいいので掛けてからテントを立ち上げ、風下側をペグダウンする。

チョイ足し知識

ガイラインは有効な強風対策

テントのガイライン（フライシートの側面から出ているロープ）をしっかり張ることで、強風からテントを守れる。逆にガイラインを張っておかないと思わぬ突風でテントが飛ばされたり壊れたりするので、設営時に風が吹いていなくても必ずペグダウンしておきたい。

テント内での火器の使用は死に直結するリスクがある

当たり前に思えるかもしれないが、テント内での火器使用による事故は意外と多い。特に注意しなくてはいけないのが一酸化中毒。テントの中ではバーナー類はもちろん、ガソリンやガスのような燃料を用いるランタンも絶対に使ってはいけない。火事のリスクもある。

チョイ足し知識

テント内の照明はLEDランタン一択

テント内でガスやガソリンのランタンは使えないので、必然的に充電式や電池で動作する灯りで照らすことになる。スマホの照明機能でも何とかなるかもしれないが、やはりアウトドア用のLEDランタンを用意したい。

キャンプの雑学 042

ペグがしっかりと安定する角度は地面に対して45～60度

ペグは地面に対して垂直（90度）ではなく傾けて打つことで、張り綱で引っ張られたときに抜けにくくなる。地面の固さにもよるが、一般的なサイトなら45～60度が正解だ。

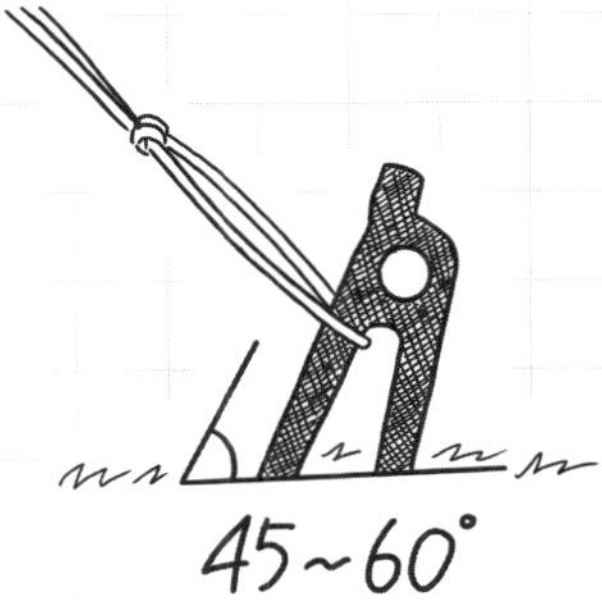

チョイ足し知識

大サイズの幕を張るときは長めの鍛造ペグかスチールペグで

大型のテントやタープを立てるときは、できる限り堅牢にするために25cm以上の長さの鍛造ペグかスチールペグを使いたい。地表面が柔らかくても長さがあればその下の硬い土に届きやすいし、地中でのペグの抵抗力も増す。

ペグを打つときは打ち込む側に足を置く

ペグを打つときは、打ち込む側に足を置いて、ペグの角度を一定に保つのがポイント。ハンマーの力が分散することなく、すんなりと地面に挿し込まれていく。

チョイ足し知識

ハンマーの持ち手を長くして弱い力でも強くペグを打つ

ハンマーの下のほうを持って持ち手を長くすれば、ヘッドが早く動くので弱い力でも強くペグが打てる。もちろん長く持つほどスイング時の安定性は損なわれるので、バランスのよいポイントを見極めたい。

キャンプの雑学

044

ペグが効きにくい地面ではペグを使わずロープを固定

砂浜や雪ではペグが効かないので、タオルを巻いた木の幹にロープをくくり付けたり、重たい石や岩に巻き付けたりして固定するとよい。それらもないときは、水を充填した2Lペットボトルにロープを巻いて、地面に埋めてしまおう。

ペグ&ガイライン

チョイ足し知識

軟弱な地面でも固定できるペグ2本によるクロス打ち

ペグが効きにくい地面では、2本のペグをクロスさせて地面に打ち込み、強度をアップさせる方法もある。強風時は通常の地面に対してクロス打ちするのも有効だ。

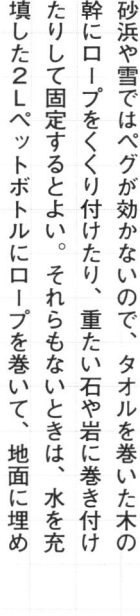

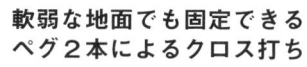

目立つ色のペグを選ぶと芝生に埋もれても探しやすい

オーソドックスなシルバーやブラック以外にもさまざまなカラーが出回っているペグ。キャンプで使うなら芝生の中でも見つけやすいカラーを選ぶか、ペグそのものに目立つ色の細引きなどを結んでおくとよい。足を引っかけにくいうえ、撤収時も探しやすい。

ガイラインも目立つ色が◎

テントやタープを固定するガイラインに足を引っかけて転ぶことは意外と多いので、目立つ色のものがオススメ。もしくは目印を巻き付けてもいいだろう。蓄光素材であれば、夜間にトイレに向かう際も安心。

キャンプの雑学 046

リビングとキッチンを分けるならハイスタイル

家で使うのとほぼ同じ高さのテーブルとチェアを用いるのがハイスタイル。リビングとキッチンを明確に分けやすいので、食事と調理のそれぞれに最適な環境を作りたい人にオススメだ。チェアから立ち上がりやすく、頻繁に立ったり座ったりするバーベキューに向く。

チョイ足し知識

まだあるハイスタイルのメリット＆デメリット

ハイスタイルのチェアはホームセンターなどでも売られていて、比較的安価な製品も多い。デメリットとしては、チェアもテーブルも脚が長いぶんタープとの距離が近くなり、圧迫感を感じることも。収納時のサイズもコンパクトになりにくく、大荷物になりがちでもある。

キャンプの雑学 047

同じ場所でじっくりゆっくり過ごすならロースタイル

低いテーブルと低いチェアで、地面に近い位置でくつろぐのがロースタイル。リビングとキッチンを一体化させ、座ったまま調理を行う人も多い。ハイチェアに比べ、立ち上がる際に多少の煩わしさをともなうため、座ったままでゆったり時間を過ごしたい人にオススメ。

まだあるロースタイルのメリット&デメリット

深く腰掛けて座るので、脚を伸ばすなどしてゆったりとくつろげるのがロースタイル。視線が低くなることで開放感も強まり、自然をより身近に感じられるのも大きなメリットだ。調理や食事のしにくさを上回る魅力で、現在のキャンプの主流スタイルになっている。

キャンプの雑学

048

小さい子どもがいるならお座敷スタイルが安心

地面に敷いたシート上に直接座り、ちゃぶ台のようなテーブルを使うのがお座敷スタイル。チェアを使わないので転ぶことがなく、小さな子どもがいるファミリーでも安心。正座をして低い位置で調理するのも意外と安定感がある。最近はキャンプ用の座椅子も存在する。

まだあるお座敷スタイルのメリット&デメリット

靴を脱いでリラックスできるお座敷スタイルなら、そのまま寝転がってくつろぐことも。ただし、地面の凹凸や石などの影響を受けやすいので、ブランケットやクローズドセルのマットなどを上手に活用したい。

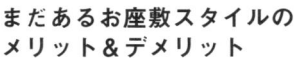

高さを変えられるテーブルはスタイルを選ばず使いやすい

リビング用のテーブルは、脚の長さを調整することで高さを変えられる製品を選ぶとハイスタイルにもロースタイルにも対応できて使いやすい。

グループキャンプのリビングは
テーブルの高さを合わせると快適

大勢が集まるグループキャンプでは、リビングにテーブルを持ち寄るシーンも。その際、脚の長さを調整できるテーブルだと仲間のテーブルと高さを合わせることができてより快適に。

キャンプの雑学 050

強風でチェアが飛ばないよう細引きとペグで固定すると◎

人気の軽量チェアは、あまりの軽さで強風時に飛ばされてしまうことも。そんなときはチェアのフレームに細引きをくくりつけてペグダウン。地面に固定されて飛びにくくなる。

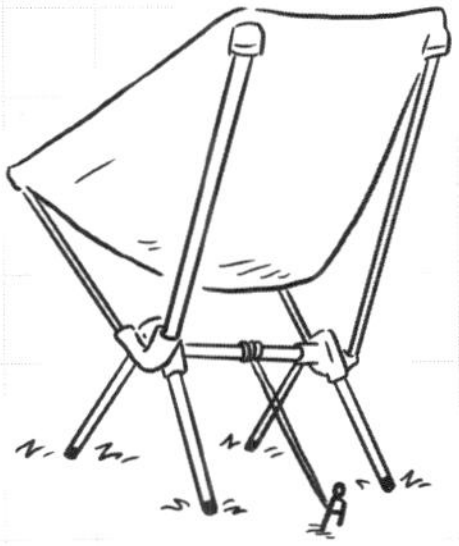

チェアの数は必ずしも人数とイコールでなくても大丈夫

荷物をできる限り減らしたいなら、チェアは参加人数マイナス1脚でもOK。耐荷重といった問題はあるものの、クーラーボックスやコンテナ、コットなど、座れる道具はけっこうある。

飲み干した空き缶は蚊取り線香の台座になる

飲み干した空き缶は蚊取り線香の台座にうってつけ。プルタブを真っ直ぐ上にして線香の真ん中に挿し、缶に沿わせるだけでいい。倒れないよう、重し代わりに缶に水を入れておきたい。

鋳鉄ペグも蚊取り線香の台座に

鋳鉄製の大きなペグも、蚊取り線香の台座になる。ペグのヘッド付近に蚊取り線香を差し込んだら、簡単に外れないよう蚊取り線香を回して、ほどよい位置で固定するだけだ。

キャンプの雑学 052

キッチン用テーブルは いつか欲しくなるギア筆頭

リビングテーブルで代用できると思うかもしれないが、とりわけ包丁を使った下ごしらえなどは、高さが合わないとすぐに腰が痛くなってしまう。しっかり料理をするなら、できる限りキッチン専用テーブルを用意したい。

チョイ足し知識

実は意外とラクな座りながらの調理

キッチンテーブルを用意するのが難しいなら、いっそのこと座って調理するのもありだ。足場の悪いキャンプ場ではキッチンテーブルは不安定になりがちだが、低い位置での調理なら安定感抜群。予想以上にラクなはず。

キャンプの雑学 053

キッチンの水平はドアストッパーで対応できる

キャンプ場の地面は傾斜や凸凹があって、キッチンテーブルの水平が取りにくい。そこで役立つのが、一般家庭でも使うドアストッパー。キッチンテーブルの脚に咬ませることで、安定した使いやすい調理スペースができあがる。

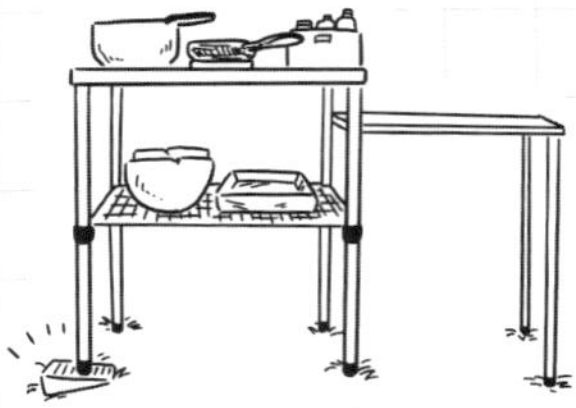

濡れタオルを敷いて調理台の滑りを解消

傾きがちなキャンプ場のキッチンテーブルでは、上に置いたまな板やお皿が滑りやすいもの。そんなときはテーブルに敷いた濡れタオルの上に調理器具を置けば、摩擦で固定されて安定する。生活の知恵だ。

キャンプの雑学 054

熱々を直に置けるテーブルはキャンプの料理にピッタリ

キャンプではできあがった料理を大皿に移すことなく、調理したお鍋やフライパンのまま配膳することも多い。炭火や焚き火で熱々になった調理器具を直置きできるテーブルがあれば、大活躍する。

チョイ足し知識

天然の鍋敷き、それは薪

耐熱テーブルも鍋敷きもないときは、数本の薪の上に熱々の調理器具を置けばよい。鍋が倒れてこぼれないよう、同じような大きさの薪で揃えるとよいだろう。

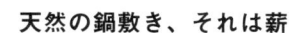

キャンプの雑学 055

「割れない」に＋αを求めるなら、素材にこだわるのが◎

落としても割れないことが大事なキャンプ用テーブルウエアはプラスチック製が主流だが、どうせなら自分のスタイルに合った素材を選びたい。「コレール」も割れにくいし、「メラミン」は油落ちがいい。他にもド定番の「ホーロー」や木製食器など、選択肢はさまざま。

食器が変われば食事の味も変わる

食事は目で楽しむとはよく言われるし、それを裏付ける英・オックスフォード大学の研究結果もある。“使えればいい食器”だけではなく、お気に入りの食器を選ぶと、キャンプの食事がもっと楽しくなる。

キャンプの雑学 056

カトラリー類は食器ありきでチョイスすると心も満たされる

スプーンやフォーク、箸といったカトラリー類は選択肢が豊富。折り畳めたり、スタッキングできたりするタイプが人気だが、テーブルウエアと素材や色を合わせて選ぶと統一感が出て、見た目にもよい。

チョイ足し知識

アルミテーブルにはクロスを掛けると◎

最近は木製天板のテーブルが人気とはいえ、より軽くて安価なアルミトップモデルを使っている人も多いのでは？　キャンプには味気なく感じるアルミの質感だが、テーブルクロスを掛けて隠すだけで雰囲気がグッと向上する。

キャンプの雑学 057

包丁を野外に持ち出す際は自作の包丁ケースが大活躍

専用ケースのない家庭用包丁をキャンプに持っていくときは、ダンボールなどで刃を包むとコンパクトなうえに経済的だ。見た目が気になるなら、コルクなどで代替するとよい。

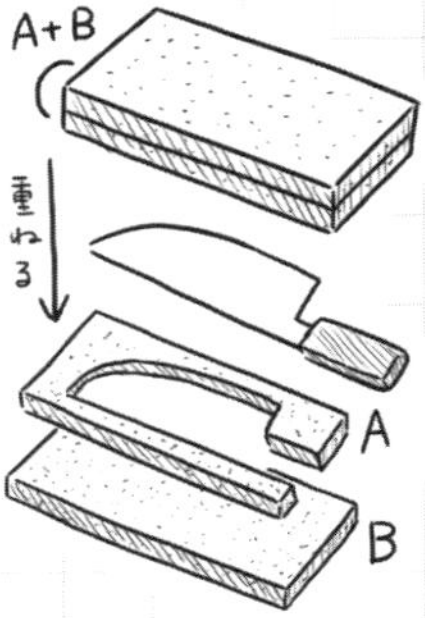

チョイ足し知識

万能な牛乳パックは包丁ケースにもなる

包丁ケースは、頑丈な素材であれば何であれ自作可能。薄いのに切れにくい牛乳パックなどはまさにうってつけだ。他にも丈夫で破れにくい性質の新聞紙も、幾重にも巻いてからテープで留めることで立派な包丁ケースになる。

キャンプの雑学 058

キッチンばさみは屋外調理にうってつけの万能調理道具

キッチンばさみを用いれば、まな板が不要になるうえ、調理台も使わずに済む。さらに洗いものも少なくなるため、実はキャンプにうってつけ。ピーラーや缶切りの機能も備えた優れものも販売されているので1挺は持っておきたい。

チョイ足し知識

切れなくなったハサミはアルミホイルで簡単復活

嘘のようだが、5枚ほど重ねたアルミホイルを切り刻むだけでハサミの切れ味は回復する。アルミホイルを切断したときの摩擦と圧力で溶けたアルミホイルが、ハサミの刃の微細な傷に入り込んで、一時的に刃を復活させるからだ。

キャンプの雑学 059

少しの工夫をしておけば計量カップは持参不要

手持ちのシェラカップやアルミ製のマグカップに、1合、100mL、150mLのように目盛りを振っておくと、計量カップを持っていかずに済むので荷物を減らせる。分量を量ったうえで、釘などで傷を付けるだけでよい。

計量スプーン代わりになるペットボトルのキャップ

統一規格の日本製ペットボトルのキャップいっぱいに液体を注ぐと、その容量はおよそ7.5cc。キャップ２杯で大さじ１杯分相当になると覚えておこう。

キャンプの雑学 060

缶切りを忘れてしまってもスプーンがあれば乗り切れる

キャンプの忘れ物ランキングでトップクラスと言える缶切りは、スプーンで代用できる。スプーンの先端で缶の縁をグリグリと押し込むと切り込みが開くので、そこから広げていけばOKだ。

栓抜きを忘れたときもスプーンを使えばOK

テコの原理を応用することでスプーンは栓抜きにもなる。王冠のすぐ下を手で握り、握った指を支点にしてスプーンの先を王冠の下に挿し込むだけ。あとはスプーンの先をゆっくり持ち上げれば、簡単に栓を抜ける。

キャンプの雑学 061

ワインオープナーを忘れても靴が片足あればなんとかなる

ワインオープナーを忘れてしまいワインコルクが開けられない……と諦めるのは早い。ブーツやシューズの中にボトルの底面を入れ、木や壁に靴のアウトソールを何度も打ち付けよう。衝撃でコルクが少しずつ顔を出し、最後は手でスポッと抜ける。

まな板を忘れたら牛乳パックで代用

牛乳パックを切って開けば、使い捨ての簡易まな板に早変わり。内側の面はロウが塗ってあって水を弾くので、水気の多い食材を切っているうちにベチャベチャに……なんてこともない。

キャンプの雑学 062

重ねられる調理器具なら省スペースで運びやすい

クッカーやボウル、ザルといった調理器具はまず大きめのサイズを用意。そこに2～3サイズ小さいものを買い足し、積み重ねて持って行こう。キャンプのキッチンテーブル周りは意外と狭いので、省スペースにできるようにしておくと便利だ。

チョイ足し知識

キャンプを始めたばかりのころは家庭用のフライパンでも充分

キャンプだからといって、何から何まで専用の道具を揃えていては大変。フライパンなどは家で使っているものでも充分実用に耐えるので、まずはそれで気軽に楽しみたい。ただし持ち手が燃える可能性があるので、炎の立ち上がりが不安定な焚き火調理は避けるのが無難だ。

明るさ＆雰囲気重視なら マントルを使うランタン

ランタンの種類は、「電気のライトを使う」「燃焼する炎を灯りにする」「マントルを発光させる」の3つに大きく分けられる。この中でも安定して大きな光量を得られるのが、マントルを使うランタン。オレンジ色の灯りも、キャンプサイトの雰囲気によく映える。

チョイ足し知識

マントルの灯りは炎ではなく化学反応だから明るい

マントルは、熱で発光する薬品を染み込ませた繊維を袋状にしたもの。この袋の中にため込まれたガスや、気化したガソリンが燃えることでマントルが熱せられて、強く光を放つ仕組みだ。ガスやガソリンが燃えた炎の灯りでは、ここまでの光量は得られない。

キャンプの雑学 064

ホワイトガソリンは缶の口を上にして投入

ランタンやバーナーの燃料容器にホワイトガソリンを入れるときは、缶の口を上側に持ってこよう。ついつい容器に近づくよう口を下側にしてしまうが、缶内に空気が入りにくいためガソリンの流れが滞ってキレが悪く、むしろこぼれやすくなってしまう。

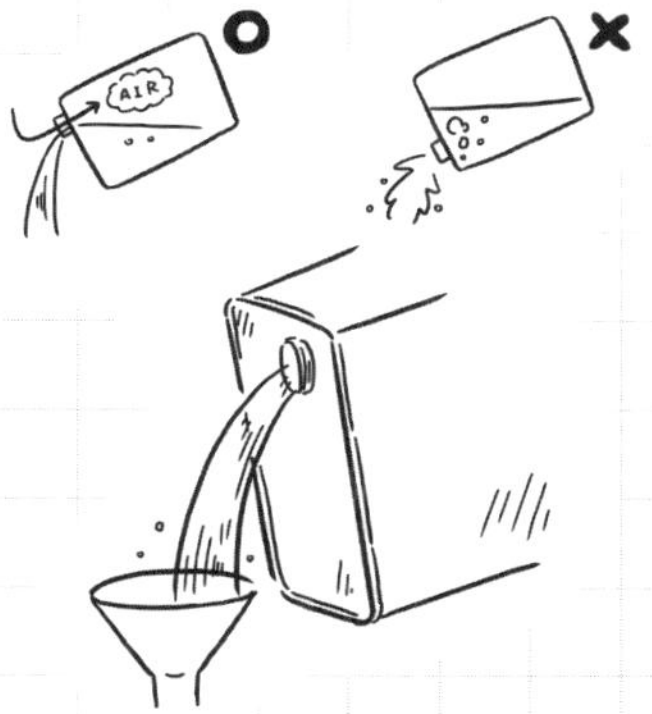

チョイ足し知識

ホワイトガソリンは腹八分目が基本

ホワイトガソリンを燃焼する際は、空気の圧をかけて気化させる必要がある。燃料容器になみなみと注いでしまうと圧をかけるのに必要な空気が不足し、気化までに時間がかかったり、大きな火が立ち上がったりする原因に。空気を確保するよう、燃料容器の7〜8割くらいに止めたい。

ガソリン使用時のポンピングはスーパーボールでラクチンに

ホワイトガソリンを燃料とするランタンやバーナーを使う前には、空気の圧をかけるためのポンピングが必要になる。その際、ポンプの持ち手にある穴を塞ぐのに役立つのがスーパーボール。ゴムが穴にしっかりと密着して、指で塞ぐよりもポンピングをラクに行える。

環境にも人にも優しい燃料
それがホワイトガソリン

ホワイトガソリンは普通のガソリンと違って無添加で作られるので、不純物が少なく燃焼時もススがほとんど出ない。自然環境にも人の健康面にも優しいうえ、低温下でも安定して燃焼するのだから、まさにキャンプにうってつけの燃料なのだ。

キャンプの雑学 066

LEDライトから出る光は虫を寄せ付けにくい

簡単に使えて人気のＬＥＤランタンは、嬉しいことに虫除けにも活躍する。ＬＥＤランタンが発する光には虫が感知する紫外線がほとんど含まれないため、他のランタンに比べて虫が寄ってきにくいのだ。

LEDランタンは充電式のほうがランニングコストを抑えられる

乾電池式と充電式があるLEDランタン。災害時に汎用性が高いのは乾電池式だが、キャンプで使うなら充電式が断然便利。いちいち乾電池を買いに行かずに済むし、多くの場合USB給電なので、内蔵電池が切れてもモバイルバッテリーやクルマで充電しやすい。

LEDランタンの保管時は紙で液漏れを防止できる

LEDランタンを長期間使わないまま保管するときは、本体と乾電池の間に紙を挟んでおこう。通電をシャットアウトして、液漏れや過放電による乾電池の消耗を防いでくれる。いざキャンプとなったときに、うっかり乾電池を持って行き忘れることもない。

乾電池の冷蔵庫保管は御法度 乾燥した涼しい場所が◎

化学反応を抑えるために乾電池を冷蔵庫で保管する人もいるようだが、取り出した際に冷えすぎた乾電池が結露してサビの原因になったりする。乾電池は通気のよい乾燥した涼しい場所（10～20℃）に保管するのが基本。

キャンプの雑学 068

キャンプの夜にはヘッドライトが便利

キャンプの夜に欠かせないのが、実はヘッドライト。夜間にトイレに行ったり、歯磨きをしに行ったりする際に、わざわざランタンを持ち出さずに済む。懐中電灯と違って両手が使え、暗い中で作業をする際にも重宝する。

チョイ足し知識

ヘッドライト＋ペットボトル＝テント用LEDランタン？

テント用のLEDランタンを忘れてしまったときは、ヘッドライトとペットボトルを用意しよう。水で満たしたペットボトルの下にLEDライトを置いて照らすと、中の水が光を拡散して広範囲を照らしてくれるのだ。ちなみに、水に牛乳を数滴垂らすことでさらに明るさが増す。

キャンプの雑学 069

2バーナーが主流だがそれが正解とは限らない

キャンプの料理と言えば燃焼部が2口ある「2バーナー」が当たり前になっている。しかしBBQグリルや焚き火のように、キャンプではバーナー以外にも熱源が複数ある。バーナーはひとつで事足りることも多いので、自分のスタイルに合わせて最適な数を選びたい。

1バーナーで事足りるなら家庭用コンロも選択肢に

1バーナーでも充分であれば、省スペース性や雰囲気では劣るとはいえ、家庭用のカセットコンロも選択肢になる。ただし、家庭用のカセットコンロは風対策がされていない点には注意したい。

キャンプの雑学 070

野外調理の最大の敵は火力を弱める風の存在

キャンプ初心者が野外で調理をする際に意外と戸惑うのが、風の影響。バーナーから立ち上がる火が風で流されてしまい、火力が弱まってしまうことがけっこうある。初めから風対策されたバーナーを使ったり、風防を用意したりして、火力を確保したい。

アルミホイルと段ボールがあれば誰でも簡単に風防を自作できる

野外調理時の火力を高める風防は、アルミホイルと段ボールで自作する手も。作り方は、自立するよう成形した段ボールをアルミホイルで覆うだけ。バーナーからの輻射熱をアルミホイルが跳ね返すから、段ボールが燃える心配がない。

ガス缶や燃料自体の種類によって利点と欠点がある

キャンプで使うバーナーの燃料は、大きく分けてガス式とガソリン式の2種類。ガス缶はOD缶とCB缶があり、どちらも寒さに強くないが、手軽さとコスパに優れる。ホワイトガソリンはコストが高いものの寒さには強い。季節によって使う燃料を選択するといいだろう。

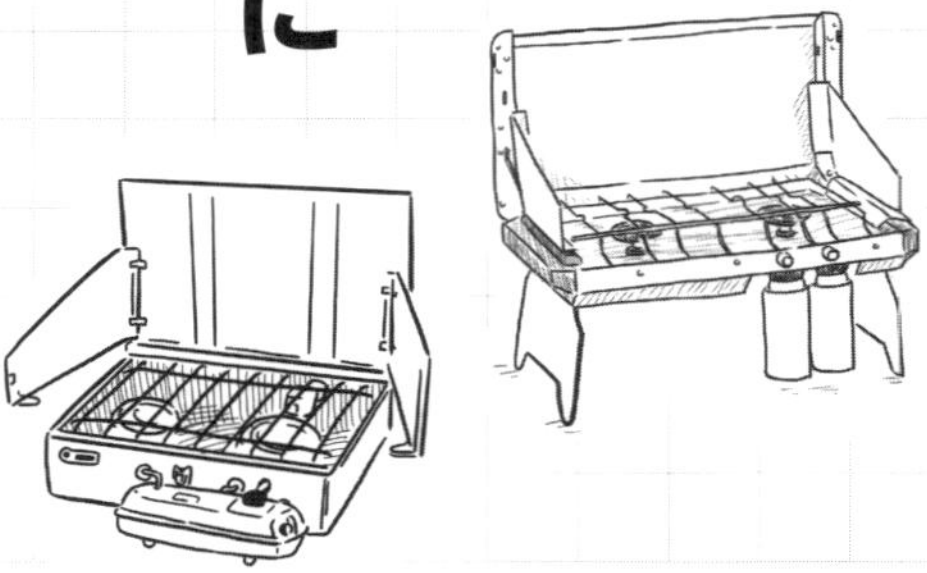

液出し式ガスバーナーなら冬キャンでも火力が安定

バーナーの燃料はガス式でも、ボンベからガスを液体のまま取り出す「液出し」タイプであれば、寒冷な環境でも安定した火力を得られる。火力調整がじゃっかん難しく価格も高めではあるものの、冬キャンプをするなら選択肢に入れよう。

キャンプの雑学 072

長時間使用時の火力低下はガスボンベを温めて対応

液出しタイプではないガスバーナーは、使っているうちに気化熱でボンベの温度が下がり、ガスの気化が滞ることで火力が弱まってしまう。こうした缶の温度低下に対抗するには、専用カバーを使ったり、手でこすったり、カイロでくるんだりしてガス缶を温めるとよい。

チョイ足し知識

使い切ったボンベのフタは捨てずに取っておこう

ガスボンベを使い終わると必ずフタがゴミとして出るが、このフタは処分せずに取っておきたい。工具箱などに入れてキャンプに持って行けば、使用中のガスボンベのフタをなくしてしまった際のスペアになる。

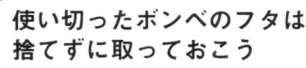

バーナーと燃料のメーカーはそろえて使うのが基本

バーナーとガスボンベは、必ず同じメーカーでそろえたい。ガスボンベの差し込み口は統一規格なので原則他メーカー品でも使えるが、ガス漏れの危険がないとは言い切れない。事故時に異なるメーカーのボンベを使っていると保証が受けられないこともある。

バーナーやガスボンベは熱くならない場所に置こう

夏の炎天下にバーナーやガスボンベを直射日光が当たるところに放置すると、爆発する恐れがあり非常に危険。熱せられた砂地や石の上に置いたり、BBQグリルのそばで使ったりするのもNGだ。

キャンプの雑学 074

素早く湯沸かししたいなら バーナー一体型クッカー

とにかく早くお湯を沸かしたいなら、「ジェットボイル」や「ケリーケトル」のようにバーナーとクッカー（ケトル）が一体になった専用品がオススメ。朝のコーヒー、夜食のカップ麺、食器洗い用のお湯の用意などに重宝する。

とにかく重宝するお湯は大きめの水筒で常備しよう

キャンプではお湯が必要になるシーンがけっこうある。その都度お湯を沸かすのは非効率なので、火器類をセッティングしたらまずはお湯を沸かして、大きめの水筒で保管しておこう。

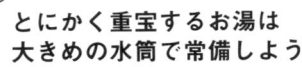

ハードとソフト 場合によっては2個持ちもあり

食材を保冷して保管するクーラーボックスは、ハードタイプとソフトタイプの2つに大きく分けられる。一般的に保冷力に優れるのはハードで、使わないときに畳めるソフトは軽量さと省スペース性で勝る。キャンプの日程や持って行く食材に合わせてチョイスしよう。

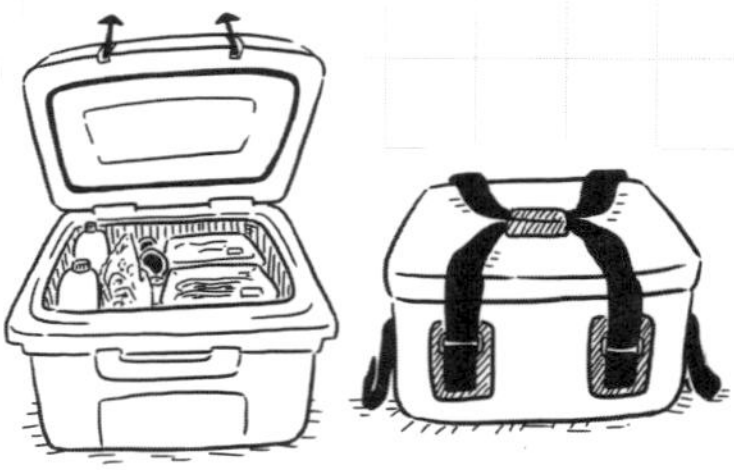

性能アップで人気拡大中の大型ソフトクーラーボックス

クーラーの断熱性と気密性が向上したことに加え保冷剤も進化したことで、近年はソフトクーラーボックスの保冷性能が大幅にアップ。軽量で省スペース、かつ保冷性能も申し分ないため、近年は大型のソフトクーラーがハードクーラーからメインの座を奪いつつある。

キャンプの雑学 076

クーラーボックスの保冷力は断熱材によって大きく異なる

ハードクーラーに使われている断熱材は、発泡スチロール、発泡ウレタン、真空パネルの3種類に大きく分けられ、発泡スチロールと発泡ウレタンの保冷力はその厚さに比例する。オススメは真空パネルで、6面真空パネルのクーラーは高価だが、保冷力は最強だ。

チョイ足し知識

クーラーボックスは地面に直置きしない

地面の熱が伝わってしまうと、せっかく保冷力が高いクーラーボックスを用意しても底から温められてしまう。クーラーボックス用のスタンドを使ったり並べた薪の上に置いたりして、クーラーボックスが直接地面に触れない工夫を。

キャンプの雑学 077

クーラーボックス

保冷剤と氷を併用すれば庫内を効果的に冷やせる

マイナス16℃のように表記された氷点下系の保冷剤を氷と併用すると、クーラーボックス内は驚くほどキンキンになる。まず、食材や飲料と接する部分には氷を配置して凍結を回避。そしてその氷を溶かさないために保冷剤を用いることで、庫内の冷えが効果的に保たれる。

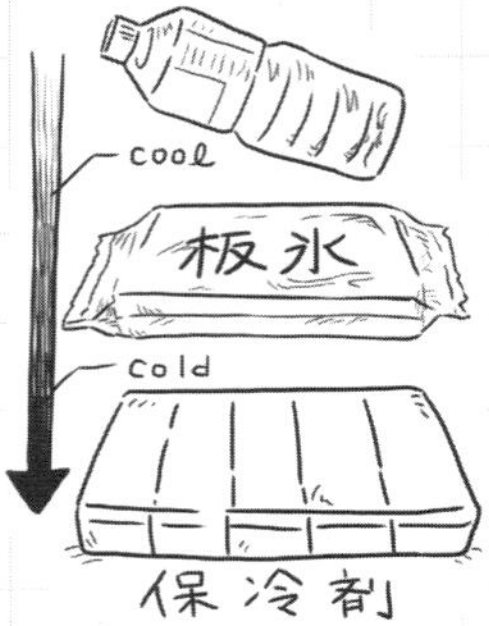

チョイ足し知識

新聞紙をひと巻きすれば氷がいつも以上に長持ち

買ってきた板氷や牛乳パックで作った氷柱は、一度取り出して新聞紙をひと巻きすると長もちする。断熱性が高い新聞紙を巻くことで、氷が温かい外気の影響を受けず、溶けにくくなるのだ。

食材と飲料は別々に収納すればクーラーの冷えを長時間保てる

クーラーボックス内をとにかく冷やしたいなら、冷蔵庫と同じで開け閉めの回数を最小限にするのがベスト。頻繁に取り出しがちな飲料とあまり出し入れしない食材は、あらかじめ別々のクーラーに分けておくのが得策だ。

チョイ足し知識

庫内に敷いた銀シートは保冷力を高めるひと工夫

見た目はあまりよくないが、薄手で大きめの銀シートがあればクーラーボックスの保冷力をアップできる。ボックスの底面から内側へ沿わせるようにシートを敷いたら、食材や保冷剤を投入。開口からはみ出たシートで内容物を覆えば、冷気をかなり逃がしにくくなる。

キャンプの雑学 079

冷凍食品を保冷剤にすれば軽量&省スペース化の利点が

凍って氷点下の温度になった冷凍食品は、クーラーボックスを冷やす保冷剤になる。冷凍うどんや冷凍枝豆のほか、バーベキュー用の肉類も凍らせておけば衛生面でも安心。

溶けたら食べられる冷凍食品で調理の手間も少なくしよう

溶けたら調理する必要のない冷凍枝豆は、サイト設営後の“一杯”や晩酌のおつまみに。２日目の朝あたりにちょうど溶けきる冷凍うどんは、そのまま調理して朝食にするとよい。冷凍食品は保冷剤の代わりに使いつつ、解凍タイミングを見計らい、調理の手間を上手く省きたい。

キャンプの雑学
080

氷と水と塩を用意すれば常温飲料が数分でキンキンに

塩を溶かした氷水の中でアルミ缶入りの飲み物をコロコロ転がすと、わずか数分でキンキンに冷やすことができる。濡らしたペーパータオルを缶に巻き付けてクーラーボックスに入れても、効果的に冷やすことが可能だ。

氷入りの塩水がこんなにもよく冷える理由とは？

氷と水と塩でできた塩水は－21℃以下にならないと凍らないため、ただの水よりもはるかに冷たい液体となる。この中にアルミ缶入りの飲料を入れて転がすと、アルミの熱電動のよさも手伝って効率よく熱交換が行われ、常温からでもすぐにキンキンに冷やせるのだ。

牛田のなんでもNo.1×*80 Answers* ❷

アウトドアの達人・牛田浩一がキャンプにまつわる私的“No.1”を明かします。

21 **効果のあった暑さ対策No.1は？**
自家製虫除けを体に塗る (牛)強く作ったハッカ油は、スースー感も強力！

22 **やってみたい憧れのキャンプNo.1は？**
ロングトリップ (牛)北欧でキャンプしながら歩き旅、しまなみ海道のバイクパッキングなど、ロングトリップしたい

23 **キャンプの醍醐味No.1は？**
不自由さを味わう (牛)街とは違う不自由さをどれだけ楽しみ、対応するか

24 **効果のあったイビキ対策No.1は？**
耳栓 (牛)持参するのを忘れたときは、強めのお酒を飲んで寝る

25 **家でのキャンプギア収納術No.1は？**
私が聞きたい (牛)エレクターを使ったり、プラスチックボックスを使ったりしているが、正直、あふれ返っている

26 **キャンプのこだわりポイントNo.1は？**
おおげさにしない (牛)道具はミニマムにして、不自由さをあえて楽しむ

27 **キャンプを始める人に伝えたいことNo.1は？**
とにかく自由に自然を楽しんで！ (牛)これをしなくてはならないということはない。ノープランでもＯＫ。悪天候を楽しむのも大切。ただし無理は禁物

28 **使える保冷材No.1は？**
ロゴスの倍速凍結 (牛)直接触れていると、肉や魚が凍ってしまうほど

29 **雨の日の楽しみ方No.1は？**
寝る (牛)テントに打ち付ける雨音が好きなので。家族でいるときはネイチャークラフトや、雨具を着ての散策も

30 **おすすめのキャンプ場No.1は？**
朱鞠内湖畔キャンプ場 (牛)まるでニュージーランドにいるかのような景観。カヤックや釣りも楽しめる

31 **おいしいおつまみNo.1は？**
イカの丸干し (牛)少し炙って細めに切っていただく。持病の痛風には最悪だけど

32 **最適なキャンプの日程No.1は？**
3泊4日 (牛)移動と設営、撤収を計算すると、この日程なら２日間目一杯遊べるから

33 **最適なキャンプ人数No.1は？**
ソロ (牛)家族や仲間とのキャンプはもちろん楽しいが、気兼ねなく自分次第で楽しめるソロが一番かも

34 **最適なキャンプシーズンNo.1は？**
秋、もしくは雪中、もしくは…… (牛)正直決められない。季節ごとのよさがある

35 **おすすめのリビングスタイルNo.1は？**
ロースタイル (牛)ファニチャー類がコンパクトで済む。あと、せっかく自然の中に来たなら、地面に近いほうがいい

36 **好きなキャンプ飯No.1は？**
ぶっかけうどん (牛)１日目は冷凍うどんを氷代わりに使い、２日目以降に溶けてきたら軽く湯通ししてすぐ食べられる

37 **キャンプで読みたい本No.1は？**
池波正太郎の“忍びモノ” (牛)『忍者丹波大介』や『夜の戦士』『蝶の戦記』などが特に好き。作品の舞台になった場所を通るたびに読み返したくなる

38 **キャンプで読みたいマンガNo.1は？**
『釣りキチ三平』かな (牛)読むともっと外で遊びたくなる

39 **キャンプ映画No.1は？**
『ブレア・ウィッチ・プロジェクト』 (牛)キャンプ映画じゃないけど。テントで寝ていると、今でも思い出すのがこの映画

40 **キャンプミュージックNo.1は？**
レッド・ホット・チリ・ペッパーズの『カリフォルニケーション』 (牛)キャンプではあまり流さないけど、キャンプ中に頭に浮かんでくる曲のうちのひとつ

キャンプの雑学

実践編

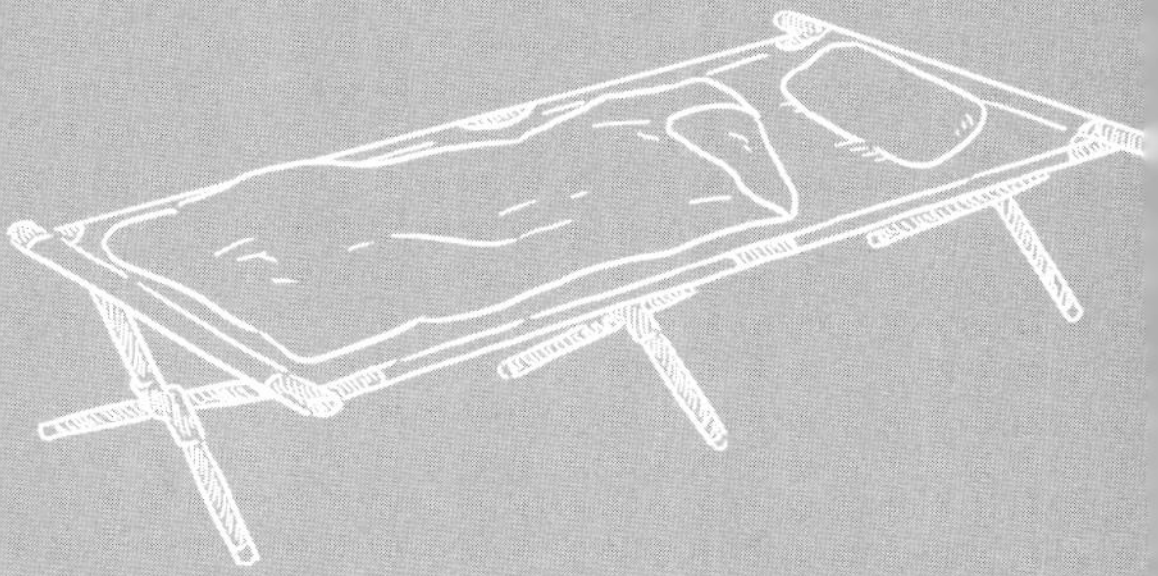

キャンプの雑学 081

食材を現地調達することで楽しい&美味しい&学びもある

キャンプ料理は事前に自宅で下ごしらえをしたほうがラクではあるが、キャンプ場近くのスーパーや直売所、道の駅で調達するのもオススメだ。旬の美味しい食材が安く手に入るし、その場でレシピを考えるのも楽しい。

春先はキャンプ場周りで山菜を仕入れるのが◎

春先に楽しめる自然の恵みと言えば山菜。キャンプ場やその周辺で自生していることも多く、旬の食材を自らの手で採取して食べられるのだから贅沢だ。山菜のガイド本を手に、ぜひ大人のキャンプ料理を楽しんでほしい。ただし採取の可否を事前に確認するのを忘れずに！

キャンプの雑学

082

キャンプで作る料理はあえて濃い目の味付けに

常に野外にいるキャンプでは、起きているときも寝ているときも知らず知らずのうちに汗をかいているもの。失った塩分を補給するためにも、食事はいつもより濃いめの味付けを意識したい。

チョイ足し知識

「味覇」はいろんな料理と相性抜群の魔法の調味料

「味覇」に代表される中華系の調味料はとにかく最強。ちょっとした野菜炒めもチャーハンも抜群に美味くなってしまう！　キャンプはけっこう白米が余りがちでもあるので、調味料ボックスに忍ばせておきたい。

キャンプの雑学 083

キャンプでご飯を炊くならメスティンが簡単&確実

ご飯が簡単に炊けることでキャンパーに人気のメスティン。熱伝導率の高いアルミ製なので熱が全体にまわり、固形燃料やアルコールバーナーなどの弱い火力でも美味しくご飯を炊くことができる。水加減も、お米1合の場合は内側面にあるリベットの中心に合わせるだけだ。

チョイ足し知識

食べたいお米の量に合わせて水位の目安を刻んでおこう

通常サイズのメスティンでは最大1.8合のお米が炊けるが、上記の1合炊きを除くと水位の目安になるものがない。あらかじめ自分が炊きたい量の最適な水位を測り、釘などで内側面に目印となる傷を刻んでおこう。

キャンプの雑学 084

野外炊飯に最適化された飯ごうは内ブタと外ブタでお米が計量可能

野外での炊飯に最適化された調理器具と言えば、飯ごう。通常サイズだと4合まで炊くことができ、お米の量はフタを使って簡単に計量可能だ。内ブタすりきりで2合、外ブタすりきりで3合。その差を利用すれば1合も簡単にわかる。

高所で飯ごう炊さんをするときはフタの間にアルミホイルを挟もう

標高の高い場所では、気圧が低いために ご飯が上手く炊けないことも。そんなときは飯ごう本体とフタの間にアルミホイルを挟むとよい。隙間が塞がれ密閉状態になることで飯ごうの内圧が高まり、通常と変わらない温度でご飯を美味しく炊くことができる。

ご飯の炊き方の基本は今と昔じゃだいぶ違う

はじめチョロチョロ、なかパッパ、赤子泣いてもフタ取るな。これは古い炊き方。火元も鍋も違えば、当然火加減だって変わってくる。気になるなら、炊飯中でもフタを開けて中をチェックするのもＯＫだ。

チョイ足し知識

おこげが美味しいスキレットも◎

ふっくら美味しいお米もいいが、たまの野外では炊飯器では味わえない香ばしさを楽しむのもあり。スキレットやダッチオーブンで炊飯した際にできるほどよいおこげは、食欲をそそる。

キャンプの雑学 086

堅く炊けてしまったご飯は日本酒を入れればふっくらに

炊いたご飯が硬かったときは、日本酒を入れて再加熱することで、ふっくらに仕上げ直せる。1合のお米につき大さじ1の日本酒を、硬いご飯に混ぜて5分ほど弱火で炊き直す。あらかじめ炊く前に入れておくのも、炊き損じが減るのでオススメ。

余ったお米の二次活用ならホットサンドメーカーが◎

キャンプでけっこう余りがちなのが、夕飯で炊いたご飯。そんなときは、ホットサンドメーカーで焼き固めてライスバーガーにしてしまおう。子どもがいるなら、きっと大喜び。

キャンプの雑学

087

ホットサンドメーカーは小さなフライパンと思え

キャンプの朝食と言えばホットサンドが定番だが、ホットサンドメーカーをこれだけのために使うのはもったいない。両面使えるだけでなく、上面に炭を置いて上下から加熱できる小さなフライパンだと思えばいい。この便利さをどう活用するかは、あなた次第。

チョイ足し知識

キャンプ食材の万能選手はホットケーキミックス

難しい工程なしで誰でも美味しく作れるホットケーキミックスは、キャンプにうってつけの食材だ。普通にホットケーキを作る以外にも、アルミを巻いた棒に生地を塗って炭火で焼けばバームクーヘンになるし、卵や牛乳を使わずに水と油を混ぜた種を焼けば、食事パンにもなる。

キャンプの雑学 088

キャンプ料理の万能調理器具 何でもこなすダッチオーブン

本国アメリカにおいてダッチオーブンは万能調理器具とも言われていて、焼く、蒸す、煮る、炊くなんでもできる。簡易燻製だってお手のもの。裏返したフタはフライパン代わりにもなる。

チョイ足し知識

蒸し＋焼きが同時だから ダッチオーブンは美味しい

分厚い鋳鉄でできているから、ダッチオーブンで作る料理は美味しい。重いフタは水蒸気によってしっかり閉じられ、圧力鍋状態を作り出す。また、分厚い鋳鉄は鍋全体を温めてオーブンのように加熱する。強い熱を均一に通すという点では、理想的な調理器具と言えるだろう。

キャンプの雑学 089

洗った鍋に油を塗るだけではシーズニングにはならない

シーズニングとは、高熱で熱した鉄が乾燥した際に出てくる黒錆と油を結合させて、その油膜でダッチオーブンやスキレットなどの鉄（鋳鉄）鍋をコーティングすることを指す。洗った鍋に油を塗るだけではシーズニングにならないので、正しいやり方を学びたい。

チョイ足し知識

油膜が剥がれるので鉄鍋に台所洗剤はNG

シーズニングを施した鉄鍋に洗剤を使うと、鍋の表面を覆った油膜が分解されて剥がれてしまう。よっぽどひどく汚れてしまったとき以外は、タワシなどで汚れを落としてから水で流せば、洗いは完了する。あとは錆びないよう、火に掛けて水分を飛ばしてから油を塗ればOKだ。

シーズニングの手順
（スキレットを例に）

1 汚れを洗い流す

使い終わったスキレットについた汚れを、タワシなどを使って洗い流す。

2 鍋をカラカラに焼く

水気がなくなるまで中～強火で鍋を加熱。

3 鍋に油を塗る

鍋のあら熱が取れたらオリーブオイルを鍋全体に薄く塗り広げる。ダッチオーブンのシーズニングも同じ手順でOK。

※塗った油は次第に酸化していくので、日が開いたときは一度お湯を沸かすなどして酸化した油を落としてから使おう。

食材と調理器具

キャンプの雑学 090

鉄鍋のコゲ落とし作業もできる限り洗剤を使わない

ダッチオーブンやスキレットのような鉄鍋を強い火力で熱すると、「焦げ付き」は避けて通れない。シーズニングを生かすためにも、できる限り洗剤を使わずに原状回復を目指そう。

お手入れが面倒ならステンレス製を選ぼう

シーズニングやコゲ落としが面倒なら、洗剤も使えて手入れが簡単なステンレス製のダッチオーブンを選ぶ手もある。熱伝導率では鋳鉄製に劣るので余熱作業にかかる時間は増えるものの、取り扱いの簡便さは大きな魅力だ。

焦げ付きを取る手順

(ダッチオーブンを例に)

1 コゲを削り落とす

木べらなどを使って、鉄鍋の表面に付いたコゲを削り落としていく。

2 お湯を沸かして汚れを浮かせる

ダッチオーブンにお湯を入れてから火に掛けると、削り取れなかったコゲや油が浮いてくる。タワシで強くこすって、隅々まで汚れを落とそう。

3 火に掛けて水気を飛ばす

汚れが落ちたらお湯を捨てて雑巾で細かな汚れを拭き取り、再度火に掛けて空焼きをして、鍋全体の水気を完全に飛ばす。

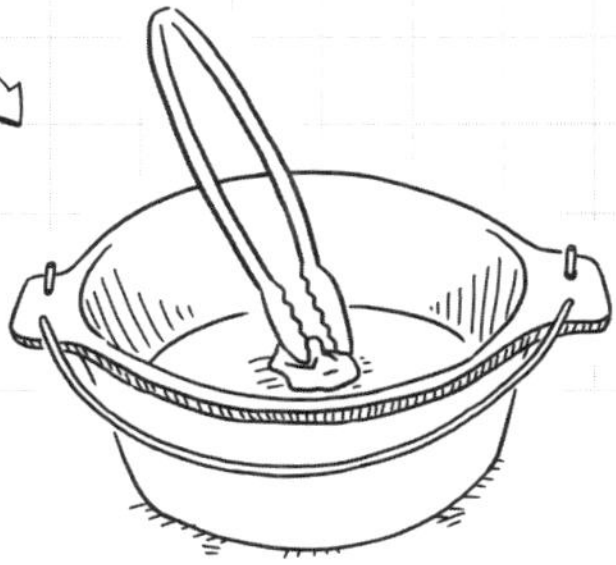

4 全体に油を薄く塗る

乾燥した鍋の全体に、オリーブオイルなどの食用油を薄くのばして塗る。弱火で5分ほど加熱し、簡易シーズニングを施して完了。スキレットの場合も同じ手順でOKだ。

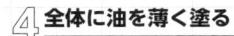

100均ショップのアルミ皿は炭火での調理に便利かつ最適

炭火に直接かける調理器具には鋳鉄製のスキレットがオススメだが、100均ショップで買えるアルミ皿も意外と活躍してくれる。缶詰の中身をアルミ皿にうつして炭火にかけるだけで、あっという間に温かいおつまみができあがる。

チョイ足し知識

アルミ皿で作るおつまみにお手軽アヒージョはいかが？

アルミ皿料理にうってつけのレシピが、簡略化したアヒージョ。アルミ皿に大量のオリーブオイルとにんにく、鷹の爪、たくさんのキノコ類、ハーブ類、塩を入れたら、炭火の火勢が弱い場所に放置するだけだ。余ったオイルは、そのままパスタソースにもなる。

炭の特性を理解し、正しく選ぶ者がＢＢＱを制する

炭の性質を理解して使い分けると、ＢＢＱはもっと美味しくなる。ＢＢＱで使う炭の種類と特徴は、２０２ページを参照してほしい。基本的には、火がつきやすくて火力も強く、煙やにおいが少ない黒炭を選べば間違いない。

チョイ足し知識

飲食店でよく見かける備長炭はBBQに不向き

飲食店で使われることが多い備長炭は、長時間燃えて火力は最強。煙やにおいも少ないなどいいこと尽くめに思えるが、着火しにくく価格も高いので、BBQにはもったいない。安い炭の上に数本混ぜるという使い方なら、火力も上がり、安定する。

キャンプの雑学

093

チャコールスターターなら放置するだけで炭に火がつく

炭おこしは初心者にはやや大変なので、専用器具のチャコールスターター（チャコスタ）を使うのがオススメ。一般的なチャコスタは、底が編み目になった金属製の筒で、煙突効果によって効率よく炭に着火できる。放置しておくだけでどんどん炭がおきるから、ラクちんだ。

チョイ足し知識

少量の炭なら昔ながらの「火おこし器」がベター

チャコールスターターは非常に便利だが、日本には昔ながらの炭おこし専用器具がある。底に無数の穴が空いた、「火おこし器」と呼ばれる手鍋がそれ。少量の炭をおこすのであれば、こちらのほうがコンパクトで使いやすい。

薪&炭の火付けに便利な着火剤
初心者はジェルタイプが◎

慣れないうちはできるだけ着火剤を持って行きたい。着火剤には固形タイプとジェルタイプの2種類があり、固形タイプは臭いや煙が出るのに対し、ジェルタイプは着火しやすく火力も強い。多少値は張るものの、初心者にはジェルタイプがオススメだ。

チョイ足し知識

ジェルタイプ着火剤の継ぎ足し投入は危険

燃焼中の焚き火や炭火に着火剤を継ぎ足すのは非常に危険。特にチューブに入ったジェルタイプの着火剤の場合、ジェルを伝って火が上っていきチューブを持った手に火傷を負ったり、最悪の場合はチューブが爆発する可能性もある。

キャンプの雑学 095

炭の火力を強めたいならボール用の空気入れが便利

炭の火力を上げたいときは、よくあるうちわなどよりもボール用の空気入れがおすすめ。押しても引いても空気を吹き出すタイプなら、炭の燃やしたい場所をピンポイントで狙って、一気に火力をアップさせられる。

ロストルの詰まりによる酸欠にも注意が必要

薪の燃えが悪く、火吹き棒などを使ってもダメなときは火ばさみで底をかき混ぜよう。底部にあるロストルが灰で埋まり、空気の循環が悪くなった結果、酸欠状態になっている可能性もある。

キャンプの雑学 096

ＢＢＱグリルの強火と弱火は炭の配置によって調整できる

ＢＢＱグリルに炭を配置するときは全体に広げずに、炭をたくさん置く場所と少しだけ置く場所で分けて火力の強弱をつけよう。焼き上がったものは少ないところに移動させれば、火が通り過ぎず冷めもしないので美味しさをキープできる。

チョイ足し知識

BBQグリルの火力調整はアルミホイルでも行える

炭の温度が上がりすぎて食材が黒焦げになりそうなときは、炭の上にアルミホイルを被せてしまえばいい。アルミホイルの有無で火力の強弱ポイントを分けることも可能だ。

BBQの火柱を抑えるなら水を仕込んだ水鉄砲で

BBQグリルの炭に肉の油が落ちると火柱が上がり、せっかくの食材が丸焦げになってしまう。そこで活用したいのが、水を仕込んだ水鉄砲。火が出ている炭に向かって水を撃てば素早く鎮火できる。ポンプアクション式ではない、普通の水鉄砲がオススメだ。

焼きすぎで干からびる前に白ワインのスプレーを吹こう

焼きすぎて表面の水分が飛んでしまった肉や野菜には、霧吹きに入れた白ワインをシュッシュと吹きかけるのが◎。食材のうま味を引き出しつつ、足りない水分を補える。

キャンプの雑学

098

フタ付きBBQグリルはロースト料理を作るのにも適している

BBQグリルの両端に炭、中央にトレーを置くレイアウトなら、ローストチキンやローストポークが作れる。食材を載せるスペースが弱火になるので、包まれるように火が通るうえ、余分な油をトレーが受け止めて発火も防ぐ。

ウッドチップ入りの炭火でスモーキーなBBQを楽しむ

分厚い肉をじっくりと焼くアメリカンスタイルでは、炭と一緒にウッドチップを燃やすことが多い。焼きながら燻されて、スモーキーなステーキができあがる。ウッドチップはあらかじめ水に浸しておこう。

キャンプの雑学

099

BBQグリルの網掃除はアルミホイルが役に立つ

すべての食材を焼き終わったら炭が消える前に、コゲの残っている網全体をアルミホイルで覆ってしまおう。熱が網全体に広がってコゲが完全に炭化すれば、網を叩くだけで汚れが落ちる。

チョイ足し知識

丸く固めたアルミホイルは網を洗うタワシ代わりになる

BBQグリルの網にこびりついたコゲは、直径3～5㎝程度に丸く固めたアルミホイルでこそげ落としてもいい。アルミホイルが簡易的なタワシのように働き、しっかりと網の表面を研磨してくれる。

網にアルミホイルを被せれば簡易的な鉄板に早変わりする

BBQグリルの網にキャンプ用のアルミホイルを被せれば簡易的な鉄板に。荷物は増やしたくないけど焼きそばを作りたい、なんてわがままに応えてくれる。熱伝導率の高いアルミホイルだからこそできる工夫だ。

チョイ足し知識

家庭用とキャンプ用ではアルミホイルの厚さが違う

同じアルミホイルだが、家庭用とキャンプ用では厚さが大きく異なる。家庭用の0.012㎜に対し、キャンプ用は0.04～0.06㎜と最大で５倍にもなる。頑丈さが段違いだからこそ、鉄板の代わりにもなるわけだ。

ＢＢＱ終了後、なるべく早めに炭を消せば次回も再利用できる

炭は燃え尽きていなければ再利用できるので、ＢＢＱが終わったらすぐに消火し、無駄に燃やしすぎないように。しかも一度使った炭は新品に比べて火がつきやすいので、次回の炭おこしがラクになる。

炭は自然に還らないので捨てるなら指定の場所に

木からなる炭は放置しても自然に還ると思うかもしれないが、実際は炭素の塊なので分解されることもなく、炭のまま残り続ける。環境を汚さないためにも、炭を捨てる際は必ずキャンプ場の指定場所まで持って行こう。

キャンプの雑学 102

火消しツボで炭を消せば再利用も持ち運びも簡単

炭を消す代表的な方法は、水を張ったバケツに炭を入れる方法と、火消しツボに入れてフタをする方法の2種類。火消しツボはフタをして酸素の供給を断つことで沈下する仕組みで、安全に持ち運びできるうえに次回の再利用もしやすいのでオススメ。

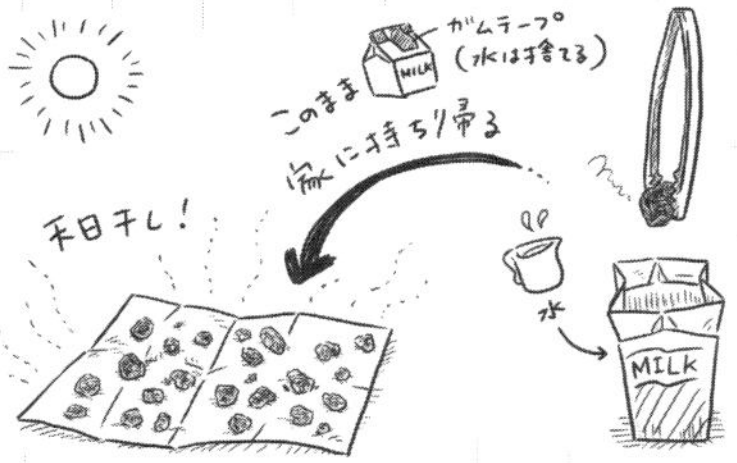

炭の火消し＆持ち運びにやっぱり役立つ牛乳パック

牛乳パックは非常に頑丈なので、上部を大きく開口して水を入れれば、炭消し用のバケツになる。入れた炭がしっかり鎮火したら水を捨てて、ガムテープで口を閉じて持ち帰ろう。水で消した炭であっても、帰宅後にしっかり天日で干せば再利用できる。

チャック付き耐熱密閉袋を湯煎に掛けるとご飯が炊ける

鍋よりも小さいサイズのチャック付きの耐熱密閉ビニール袋に１合のお米と１８０mLの水を入れ、沸騰したお湯に20分ほど投入。取り出したら袋のまま10分間蒸らせば、ご飯が炊き上がる。鍋の水は泥水でも大丈夫。有事にも役立つテクニックだ。

ローストビーフ（ポーク）もチャック付き耐熱密閉袋でOK

チャック付き耐熱密閉袋の湯煎でローストビーフ（ポーク）も作れる。フライパンで焼き色を付けた肉を密閉袋に入れたら、袋内の空気を抜いてからお湯の中に放置しておくだけ。この際、袋を水の中に入れてからチャックを閉めると、袋に水圧がかかって効率よく空気が抜ける。

キャンプの雑学 104

パスタは水に浸しておけば生麺もちもち＆ゆで時間短縮

チャック付きの密閉ビニール袋などに充分に浸る量の水とパスタを入れて2時間ほど寝かせると、生麺のように柔らかくなる。柔らかくなったパスタは、わずか1分ほど茹でるだけでアルデンテの仕上がりに。

チョイ足し知識

水に浸したパスタは災害対策にもなる

水に浸して生麺のようになったパスタは、ナポリタンのように炒める工程がある料理なら、麺を茹でずにそのまま投入してもOK。茹でるための水や鍋が不要になるので、水や燃料が極めて貴重になる災害時にも、非常に役立つ。

濡れ新聞紙に卵を包めば焚き火でゆで卵が作れる

焚き火を熱源にして調理ができれば、簡単だし時短にもなる。そこでオススメなのがゆで卵。要は「お湯の中に卵がある」状態を作ればいいので、水を充分に含んだ新聞紙で卵を包み、さらにそれをアルミホイルで覆って焚き火の中に投入。15～20分でゆで卵ができあがる。

チョイ足し知識

濡れ新聞紙＋焚き火調理で焼き芋も美味しく作れる

濡れ新聞紙とアルミホイルで包んで焚き火に入れる調理法は、焼き芋にも応用できる。ただし焼き芋は“茹で”ではなく“焼き”なので、新聞紙に吸わせる水の量は少なめに。ホックホックの美味しい焼き芋はキャンプのおやつにピッタリだ。

キャンプの雑学 106

アルミホイル＋紙コップでご飯が美味しく炊ける

キャンプの炊飯テクの中でも最も簡単なのがこれ。お米と水を注いだ紙コップを3～4重にアルミホイルで包み、灰が入らないよう開口部もアルミホイルでフタをしたのち、炭火の中に15～20分ほど放置。普通サイズの紙コップで0・6合くらいが炊ける。

チョイ足し知識

アルミホイル＋焚き火でポップコーンが作れる

広く伸ばしたアルミホイルに一握りのトウモロコシ豆と少量のサラダ油を入れたら、中に熱がこもるようにふんわり包む。木の枝などにくくりつけて、焦げ付かないよう適度に振りながら焚き火にかけよう。おやつにもおつまみにもなるポップコーンが簡単にできあがる。

キャンプの雑学 107

スクレーパーを用いると洗い物がラクで自然にも優しい

自然環境を必要以上に汚さないためにも、食器はスクレーパーで汚れを落としてから洗いたい。洗剤や水の節約にも役立つし、炊事場の排水溝が詰まるのも防げる。自宅で使っているものをそのまま持って行けばＯＫ。

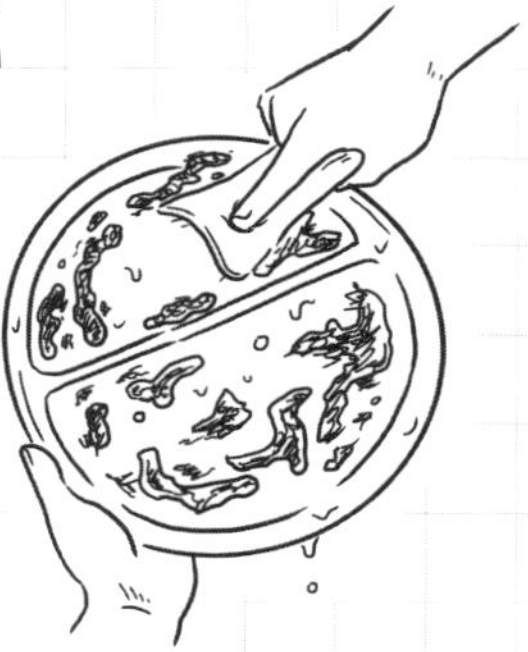

食器にラップを敷いて使えば洗い物を減らすことができる

食器を使う前にラップを敷いておけば、使用後はラップを捨てるだけで済み、洗い物が出ない。見た目は正直よくないのだが、洗い物の手間がないのは意外と助かる。水が貴重になる災害時にも有用。

キャンプの雑学 108

しつこい油汚れに強い重曹は自然にも優しくキャンプ向き

重曹を溶かした水に汚れた食器を浸けておくと、油を中和して落としてくれる。重曹自体は川に流しても無害なので、キャンプでは洗剤として重宝する。食器用洗剤が使えないダッチオーブンを洗うのにもうってつけだ。

チョイ足し知識

燃やしきった灰も洗剤の代わりになる

完全に燃やしきった灰は強アルカリなので、水と合わせると反応して油を分解してくれる。重曹と同じように灰を溶かした水に汚れた食器を浸けてから水洗いするといい。燃え切っていない炭があると逆に黒く汚れるので注意。

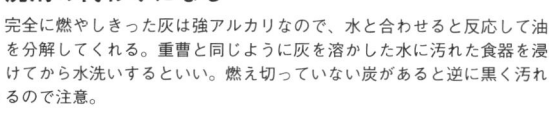

キャンプの雑学 109

お湯を沸かしておけば洗い物がラクになる

水道からお湯が出るキャンプ場は少ないため、油汚れは落ちにくく、水の使用量も洗い時間も増えがち。事前にお湯を沸かしておき、保温性の高い大きめの水筒に入れておこう。油汚れがひどい食器や調理器具をバケットに入れ、お湯をかけるだけで洗いものがずっとラクになる。

チョイ足し知識

バケット（バケツ）を食器洗い用に用意しよう

小さくコンパクトに畳めるキャンプ用のバケット（バケツ）は、食器洗い用にひとつ持っておきたい。ハンドルが付いているので、浸け置きした食器を炊事場に持って行きやすい。

キャンプの雑学
110

使った油は自家製のキャンドルとして再利用

意外と楽しいキャンプでの揚げ物のあとは、余った油をキャンドルにしてしまおう。油が温かいうちに凝固剤を入れ、よくかきまぜて空のビンに注ぎ、芯としてタコ糸を挿せば完成。タコ糸はビンの開口部に渡した割り箸に挟んでおけば、簡単に固定できる。

オイル漬けシーチキンならそのままキャンドルになる

油と芯があればなんでもキャンドルになる。変わり種としては、オイル漬けのシーチキン缶にタコ糸を入れて点火するだけでも立派なキャンドルに。

キャンプの雑学 111

灰の捨てやすさを重視して焚き火台を選ぶと後々ラク

キャンプ場で焚き火を楽しんだあとは、必ず指定の場所に灰を捨てに行くことになる。おしゃれなものや頑強なものもいいが、焚き火台自体が軽かったり灰受けが分離できたりする、灰の捨てやすい製品はかなり使いやすい。

チョイ足し知識

焚き火台とBBQグリルを兼用する場合は焚き火の前にお掃除を

BBQグリルも兼ねる焚き火台は荷物も減って便利。ただし、夕飯にBBQをしてから焚き火をしようとすると、灰が底に溜まって薪が燃えづらいことがあるので、ある程度掃除しておこう。

キャンプの雑学 112

のんびり焚き火をしたいなら広葉樹の薪を選ぶのが正解

薪は広葉樹と針葉樹の2種類があり、広葉樹は火がつきにくいけど火保ちがよく、針葉樹は火がつきやすいけどすぐに燃え尽きてしまう。のんびりと炎を見て過ごしたいなら広葉樹の薪を選ぶといい。

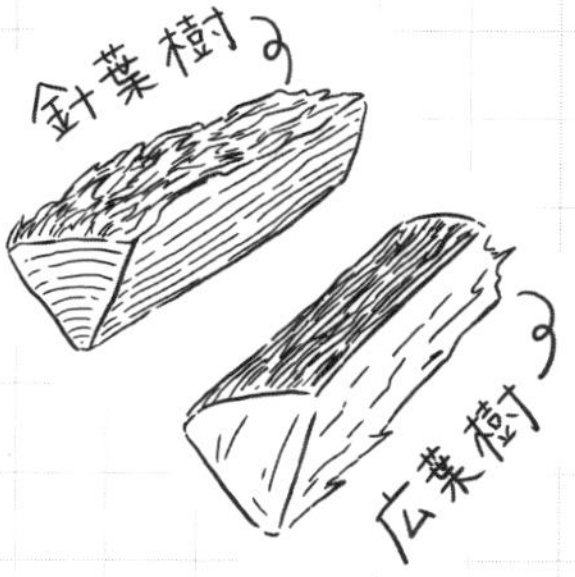

針葉樹と広葉樹の違いは薪の年輪と樹皮で見分けられる

針葉樹と広葉樹の違いは葉っぱを見れば一目瞭然だが、薪の状態ではわかりにくい。一般的に、年輪がわかりやすく樹皮が薄いのがスギ、ヒノキ、マツといった針葉樹、年輪がわかりにくく樹皮が堅くゴツゴツしているのが、カシ、ナラ、クヌギといった広葉樹だ。

薪の並べ方によって薪が燃える時間や炎の上がり方は変わる

焚き火は薪の並べ方次第で着火のしやすさや炎の上がり方、火保ちの時間に大きな差が出る。焚き火をより深く楽しみたいなら、最低限ここで紹介する3つの並べ方は知っておきたい。

チョイ足し知識

薪にささくれを作るだけで着火のしやすさがアップする

いきなり太い薪に火をつけるのは大変。まずは細い薪にナイフやナタでささくれを作ってあげよう。かなり燃えやすくなるので、ここから火を大きくしていけばよい。

薪の並べ方

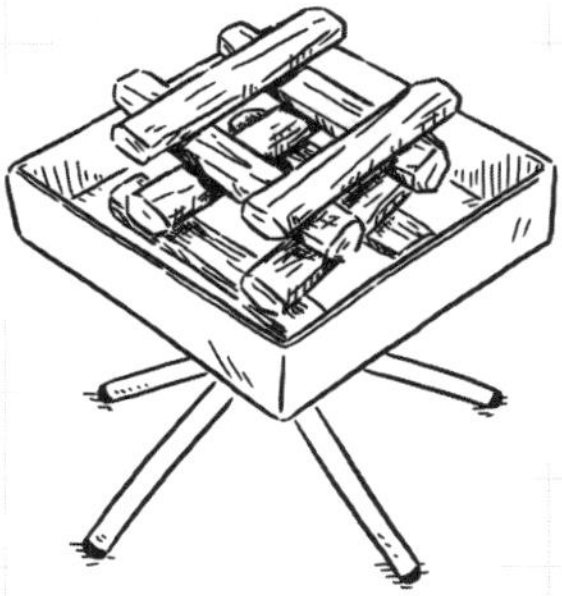

井桁型

漢字の「井」の形になるよう、縦2本、横2本で上に積み上げていく。着火しやすく薪全体が燃えるのですぐに燃え尽きてしまうが、大きな炎が上がる。キャンプファイヤーといえばこれ。

開き傘型

開いた傘の骨組みのように放射状に薪を低く組み、薪が集まる中央に着火する。炎は小さめで、燃えていく薪を適宜中心に押し込んでいく必要がある。長くのんびり楽しむ焚き火にうってつけ。

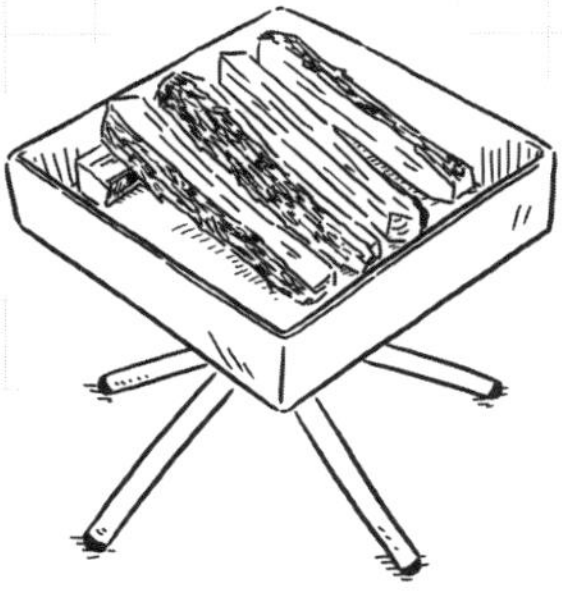

並列型

枕木を一本用意して、そこに立てかけるように薪を並列に並べていく。並べる薪同士を近づければ炎は大きく、間隔を開ければ炎は小さくなる。火力を変えられるので、火保ちの時間も調整しやすい。

落ち葉や小枝から徐々に火を大きくするとスムーズ

焚き火の火おこしは「小さいものから大きいものへ」が鉄則。まずは落ち葉や枯れ葉に火をつけ、次に小枝や薪の切れ端、小さな薪で火を育てたら、満を持して大きな薪をくべるのが正しいやり方だ。

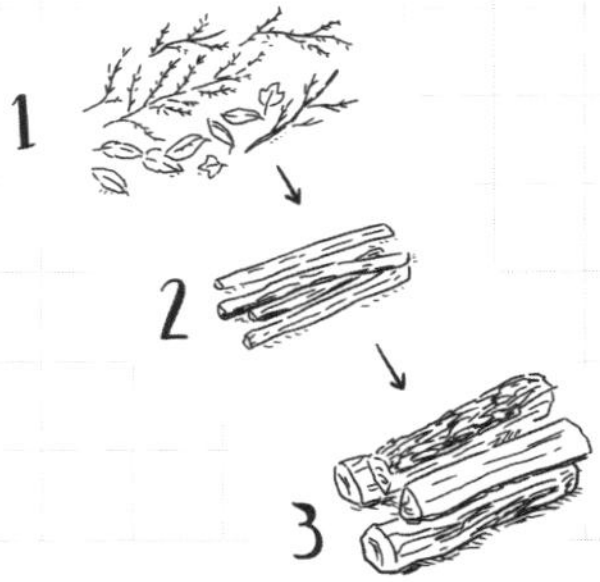

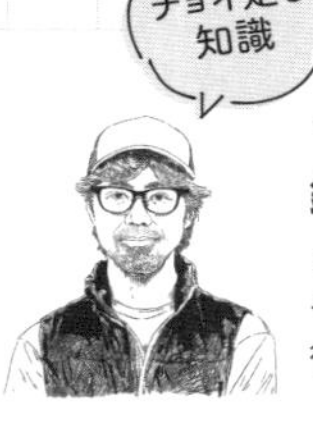

できるなら大きな薪も針葉樹→広葉樹の順で

２種類の薪を用意できることは少ないかもしれないが、大きな薪も燃えやすい針葉樹の薪で火を大きくしてから、長く楽しめる広葉樹の薪に移行していくのが理想だ。広葉樹ならススや煙も少ない。

薪を地面に直置きすると湿って燃えにくくなる

用意した薪を地面に直置きして保管するのは御法度。土や芝から水分を吸い上げて、せっかくの薪が湿って燃えにくくなってしまう。専用の薪スタンドやシートの上に置くなどして、乾燥を保ちたい。

チョイ足し知識

薪そのもので底上げすればとりあえずの湿気対策は可能

薪スタンドがないときは、薪を２本抜き出して地面に並べ、その上に薪の束を置くとよい。地面から離すことが重要なので、これで充分こと足りる。スタンドの代わりにした薪は燃えにくくなってしまうが、燃やす前に焚き火台の周りで乾かしてからくべれば、ちゃんと燃える。

観賞？ 灯り？ 料理？ 炎の大きさで目的は変わる

焚き火は炎の大きさで目的が変わってくる。大きく立ち上がる炎なら、灯りがほしいときや暖を取りたいときに重宝するし、小さく安定した炎は眺めたり料理をしたりするのに向いている。目的に合わせて薪の組み方を変えよう。

チョイ足し知識

焚き火で調理するなら おき火になるまで待とう

炎が立ち上がらず、炭のように赤くメラメラと燃えている状態のおき火は、調理にピッタリ。炎がないにも関わらず温度は非常に高く、安定した火力が得られる。さらには遠赤外線も多くススも少ないので、肉を焼くととてもジューシーに仕上がってくれる。

キャンプの雑学 117

焚き火で暖を取る際、アウターの前を開けると効率よく暖まれる

寒いと締め切ったままにしてしまいがちなアウターだが、焚き火の前に座ったときは前面のファスナーやボタンを開けておくといい。暖かい空気が背中まで回り、体全体が暖まる。猟師の知恵だ。

強風時に焚き火をするときは風向きに注意しないと危険

大きな炎が上がる焚き火はテンションが上がるが、それだけ危険も増える。子どもがいればなおさらだ。風向きによっては近くのテントやタープに穴が開くこともあるので、充分に注意したい。

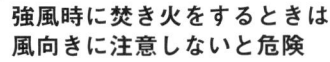

天然皮革の製品は燃えにくいので、焚き火にうってつけ

燃えにくい「難燃性」と高熱でも変形しにくい「耐熱性」、熱を伝えにくい「低熱伝導性」のすべてを備える天然皮革は、火を扱う道具にうってつけ。焚き火グローブが革製なのは、見た目のカッコよさだけが理由ではないのだ。

チョイ足し知識

焚き火の火おこしには
トーチライターが便利

焚き火を安全に楽しむなら、距離を保って火を出し続けられるトーチライターを用意したい。着火剤にしろ火口となる枯れ葉や小枝にしろ、最初にしっかりと着火できるかどうかが肝心。アウトドア用の防風仕様のものも販売されている。

キャンプの雑学 119

焚き火で石を焼いておくと湯沸かしの時短に役立つ

焚き火が燃えているうちに、きれいに洗った石を火の中に入れておこう。お湯が必要になった際、鍋に水を張って焼けた石を突っ込めば、湯沸かしにかかる時間をかなり短縮できる。溶岩石ならなおいい。

チョイ足し知識

平らな石を焚き火で焼けば天然のフライパンになる

大きくて平らな石を見つけたら、これもよく洗って焚き火にかけよう。充分に熱せられたら、油を塗った上に肉や野菜を置いて焼く。天然のフライパンというわけだ。ただし、石の種類によっては爆ぜるものがあるので注意。

直火で焚き火をしたあとは使用前と同じ状態に戻す

最近は少なくなったが、直火で焚き火が楽しめる場所もある。直火を楽しんだあとの片付けは、使用前と同じ状態に戻すのが鉄則。薪をしっかりと燃やしきり、事前に掘った穴を埋めて周りをならすまでが後片付けだ。

直火の焚き火であっても火消しツボは欠かせない

灰は自然に還るとはいえ、大量の灰をそのままにしておくのはNG。灰捨て場があるなら、灰をかき集めて持って行こう。火消しツボを持っていけば灰捨てに使えるし、燃え切らなかった薪を回収することもできる。

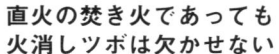

キャンプの雑学 121

快眠を左右する地面の傾斜 高いほうに頭を置くとラク

テントの設営場所を選ぶ際にいくら平らに見えたとしても、野外では地面に傾斜があるのが当たり前。頭に血が上がらないように、高いほうに頭を、低いほうに足を置くようにポジションを取ればかなり寝やすくなる。

チョイ足し知識

複数人で寝るなら出入り口に足を向ける

同じテントに複数人で寝る場合は、できる限りテントの出入り口に足を向けよう。夜中に誰かが起きてトイレに行く際、真っ暗な中で頭を踏まれてしまう危険を避けるためだ。

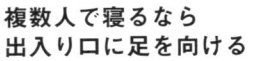

キャンプの雑学 122

寝袋の性能は快適温度と限界温度によって決まる

寝袋は暖かさによって大きさや重さ、価格が異なる。このとき重要なのが、寝袋の快適（コンフォート）温度と限界（リミット）温度。基本的に快適温度を見ながら選ぶのがよく、３シーズン（春～秋）の使用なら快適温度が５℃より低いものがベターだ。

チョイ足し知識

温度調整しやすい封筒型かコンパクトなマミー型か

寝袋には封筒のような形をした封筒型と、全身を覆うマミー型の２種類がある。封筒型はサイドジッパーを開けると１枚の布団になるので温度調整がしやすく、マミー型は保温性が高いのでコンパクトになるが、多少圧迫感がある。キャンプを楽しむシーズンに合わせて選ぼう。

キャンプの雑学 123

コットがあれば気温が高い夏でも多少快適に寝られる

アウトドア用の折り畳み式ベッドのコットは、地面の凸凹の影響を受けないので人気。備え付けの脚によって底上げされる分、体の下を適度に空気が通り抜け、寝苦しくなりがちな夏でもマットに比べて快適に過ごせる。

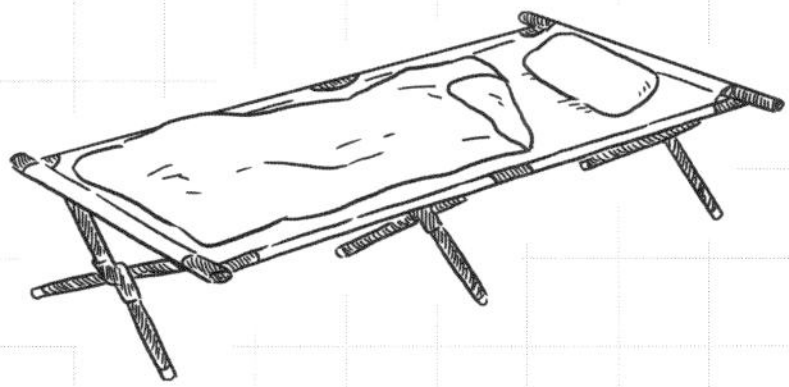

夏は寝袋を使わずとも ブランケットで充分

夏のキャンプでは夜になっても気温が下がらず、寝袋を使うと暑すぎて寝苦しくなりがちだ。ブランケットを１枚かけるくらいのほうが温度調整もしやすく、寝やすい。

キャンプの雑学 124

冬キャンプのマット選びは「R値」がかなり大事

キャンプ用のマットは、ウレタン製の「クローズドセル」、ウレタンと空気を使った「インフレータブル」、エアーだけの「エアー式」の3種類がある。いずれも「R値」というマットの暖かさを示す数値があるので、チェックして選ぼう。

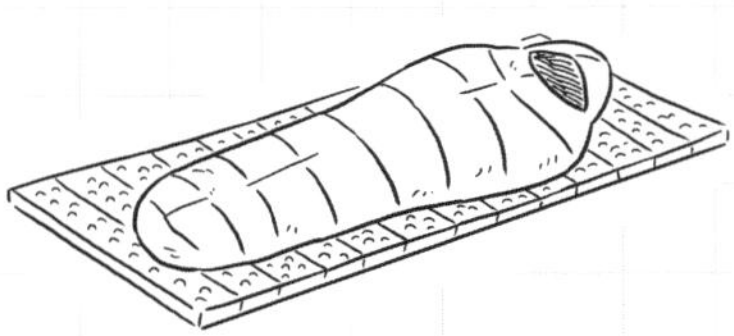

チョイ足し知識

寝袋と同じようにマットにも「夏向き」と「冬向き」がある

「R値」の数字が大きいほど地面からの冷えを遮断し、熱反射などで暖かい。春～秋の3シーズンで使うなら、2.6以上あれば充分。逆に数値が4を超えると、夏に寝苦しくなることも。

キャンプの雑学 125

銀マットの裏表を意識すれば多少の温度調整が可能になる

銀マットの銀部分は蒸着されたアルミで、熱を跳ね返してくれる。日射しが強く暑い夏に銀マットを敷物にするときは、銀面を上側にすると太陽の熱を反射してくれるので、逆にしたときに比べて涼しく過ごせる。

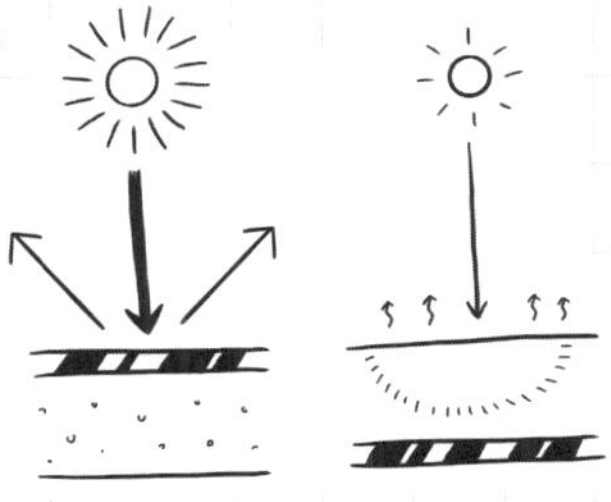

チョイ足し知識

マットやブランケットを上手に重ねれば、底冷えが解消できる

寒さが最大の敵となる秋冬のキャンプでは、冷えきった地面も快眠を妨害する原因に。テントの下にグランドシートを敷くだけでは不十分なので、テント内の床にも銀マットや毛布などを複数枚重ねて敷き、地面からの冷えをシャットアウトしよう。

キャンプの雑学 126

寝袋の収納袋に衣類を詰めてタオルを巻けば枕として役立つ

家の枕を持って行ってもいいが、荷物を減らしたいなら寝袋の収納袋で代用できる。着替え用の衣類を詰めてタオルを巻けば、それだけで立派な枕に。枕があるとないとでは、睡眠の質が段違いだ。

野外だからこそ大事な快眠アイテムの数々

キャンプではずっと野外を動き回り、翌朝も早かったりする。帰り道に渋滞にハマった日には、眠くなること必至だ。しっかりと睡眠を取るためにも、寝袋やマットといった寝具類には気を配りたい。

キャンプの雑学 127

夜間の屋外ゴミ放置は動物をおびき寄せる原因に

寝る前には食べ残しや飲み残し、調理のゴミ類を片付けてクルマかテントの中にしまおう。キャンプ場はたいてい大自然の中にあるもの。野生の動物がゴミを漁りに来て、場合によっては予想外の被害に遭うことだってある。

チョイ足し知識

においい対策のためにもフタ付きのゴミ箱を

ゴミ袋に入れただけの食べ残しなどをテント内に持ち込むと、匂いが気になる。最近は薄く畳めるフタ付きのゴミ箱があるので、それらを使えば匂いもシャットアウトできるし、結果的に野生動物対策にもなる。

キャンプの雑学 128

就寝前に道具類をタープ下にまとめておく作業は大事

昼間使いやすく配置したキャンプ道具も、寝る前はタープ下の一カ所にまとめたい。夜露で濡れるのを防げるし、夜中にトイレに向かう際もジャマにならない。また、テント近くにまとめておけば物音が立ったときに気づきやすく、窃盗対策にもなる。

寝るときはシューズをテント内にしまおう

1日をともにしたシューズも､寝るときは前室やテントの中にしまおう。夜露で濡れるのを防げるし、外に出したままだと中に虫が入り込んで、翌朝、虫ごと履いてしまう事態を回避できる。虫によっては足にケガをすることだってある。

キャンプの雑学 129

よく晴れた温かい日ほど夜は冷え込みやすい

雲ひとつない暖かな日射しの中で昼を過ごした日ほど、夜は強く冷え込むもの。これは「放射冷却」と言われる現象で、雲がないことで日中に温められた地表近くの空気がどんどん上空に逃げてしまうのだ。暖かかった日ほど、防寒対策をしっかりして眠りたい。

チョイ足し知識

雲を見て、その後の天気を予測できるようになれば一人前

山にかかる笠雲は、低気圧や前線にともなう風により、湿度の高い空気が山の斜面を上って水蒸気が凝縮することで発生する。つまり低気圧が近づいていることになり、雨の予兆と判断できる。

お湯とペットボトルで即席の湯たんぽが作れる

冬はもちろん春先や秋口のキャンプでも、夜はけっこう冷える。寒さ対策を忘れたなら、沸かしたお湯をペットボトルに入れて即席の湯たんぽを作ろう。お湯が熱すぎたときはタオルなどで包んで調節するべし。

チョイ足し知識

寒さ対策用の毛布は膝にかけず座面に敷く

寒い時期は、焚き火の前に座っていてもどんどん体が冷えていく。キャンプチェアは座面や背もたれが1枚布のため外気の影響を受けやすく、お尻や背中から冷えるのが原因だ。毛布やブランケットは膝に掛けるよりも、座面や背もたれに敷いて座ったほうが防寒効果が高い。

キャンプの雑学 131

底冷えする寒さの解消には「首」を温めるのが最適

寒いときは「首」を温めると効率よく解消できる。首、手首、足首、いずれも大きな血管が通っているところで、そこを温めるだけで体がぽかぽかに。

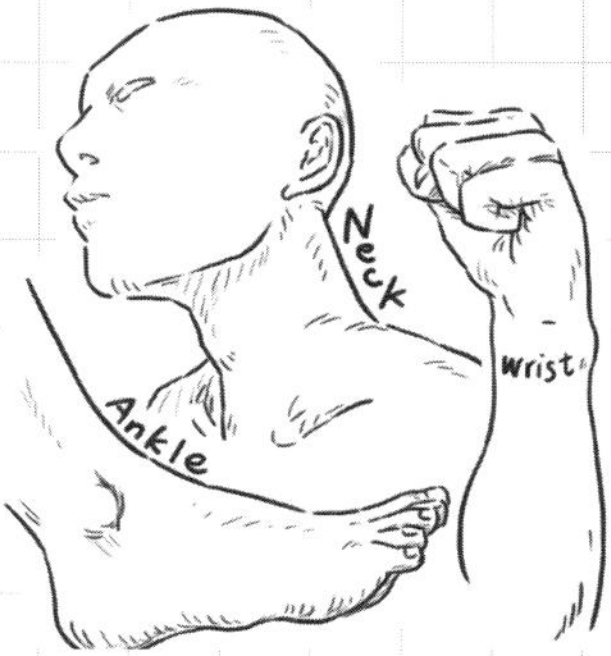

寒くて眠れない夜はニット帽をかぶるとよい

寒くて眠れないときはニット帽をかぶって眠ろう。体温のほとんどは頭のてっぺんから放出されるので、ニット帽をかぶることでそれを防ぐことができる。

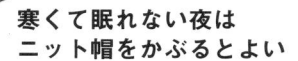

キャンプの雑学 132

寝袋カバーをかけるだけで睡眠時の暖かさはアップする

寝袋を結露などの水濡れから守ってくれる寝袋カバーは、寝袋自体の保温力をアップさせる効果もある。想定以上に夜が冷え込んだときに用いると、寝袋内の体感温度が1～3℃ほど上昇するため、持っておくと心強い。

チョイ足し知識

もしものときにあったら便利！アルミ蒸着の防寒・保温シート

寒さがあまりに厳しいときは、エマージェンシーブランケットとも呼ばれる、アルミを蒸着したシートを一番外側に巻くとよい。通気が完全に遮断されるので自分から発せられる体温が逃げることなく、効率よく身体を温められる。

キャンプの雑学 133

コットの下に荷物を置くと地面からの冷えが軽減する

体を預けるシートと地面との間に隙間があるコットは、夏は涼しくても、冬は絶え間なく冷気が流れ込んで冷え込む原因に。寒い時期にコットで寝るときは、下に荷物を並べてスペースを埋め、空気の対流を阻止しよう。断熱、熱反射するマット等を使用すればさらに快適。

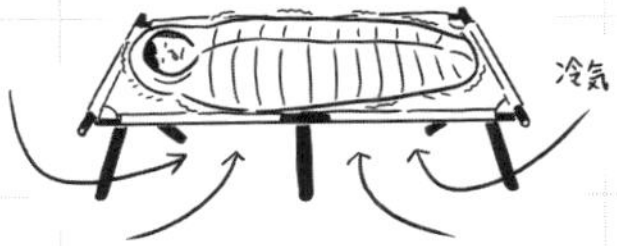

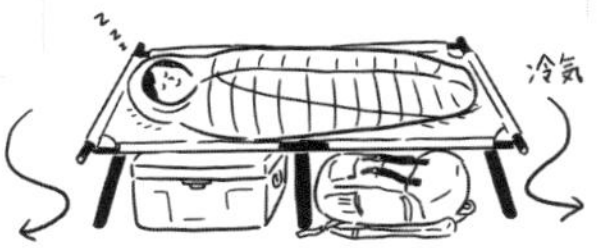

チョイ足し知識

冬キャンプでエアー注入式ならインフレータブルマットが◎

収納時の省スペース性が魅力のエアーマットだが、断熱処理が施されていないモデルは、マット内の空気が地面からの冷気の影響を受けやすい。冬キャンプで使うなら、同じエアー注入式でもフォーム（芯材）が入ったインフレータブルマットが◎。対流も起きず、保温性も高い。

簡易でも防寒効果は抜群 新聞紙＋ラップ＝腹巻き

繊維が粗いので空気をため込みやすく、断熱&保温効果が高い新聞紙。この新聞紙を腰回りに巻いてその上からラップフィルムで覆うだけで、簡易腹巻きになる。ラップが空気を遮断するため、想像以上の温もりを得られる。

新聞紙＋ポリ袋があれば冷えた足元を温められる

くしゃくしゃに丸めた新聞紙を大量に放り込んだポリ袋も、保温効果は抜群。冬に冷えがちな足先をその中に突っ込み、すねのあたりで袋の口を縛れば、冷え切った足もすぐに温まる。

タープのサブポールは雨が降ったら外すのが◎

雨天時にタープのサブポールをつけたままにしておくと横から雨風が入り込んでしまうし、タープの上に雨が溜まってタープが崩壊する原因にもなる。雨が降ったらタープのポールは最小限に減らそう。

チョイ足し知識

ロープを上手に使えばタープ上の雨水を逃がせる

雨が振ったらタープに張り綱を追加して、地面にペグダウンするとよい。水の通り道を作って雨水を地面に逃がせば、タープの上に雨水が溜まることを防げる。

キャンプの雑学 136

周囲に側溝を掘っておけばテントの浸水予防になる

豪雨になり、周辺に水が溜まり始めたらテントやタープを取り囲むように側溝を掘るとよい。雨水を逃がすことで、テントが水没したり、タープ下が雨で水浸しになったりするのを防げる。

雨が降ったらキャンプ道具を地面から離すのを忘れずに

サイトの周囲に側溝を掘って雨水を逃がしても、横から吹き込む雨風などで地面がぬかるむのは避けられない。クーラーボックスのような地面に直置きしがちな道具は、ベンチに置いたりテント内にしまったりして水から逃がそう。

キャンプの雑学 137

強風時に崩壊しやすいのは テントよりも断然タープ

日射しや雨を避けるのに有用なタープだが、テントと違って内外から風圧の影響を受ける分、強風にはすこぶる弱い。よっぽど慣れていない限り、強風時はタープを使わないのが吉。どうしても張りたい場合は、なるべく低く立てよう。

天候が悪いときは 撤収の決断も肝心

テントやタープをいくら頑強に設営したつもりでも、風雨の強い悪天候の中では、飛ばされたり倒壊したりする危険が常につきまとう。最悪の場合はクルマの中に避難するか、早めにサイトを撤収して帰宅するような決断を下したい。

撤収する際はタープを最後に片付けるのが○

タープを先に片付けてしまうと、他の片付け終わったキャンプ道具が野ざらしになってしまう。これらを日射しや急な雨から守るためにも、タープは最後に片付けるのがセオリーだ。

チョイ足し知識

乾燥が必要なものから順に手を付けると無駄がない

撤収時は、乾かさなくてはいけない道具から順番に片付ける。寝袋を干したら、荷物を出したテントの底を乾かし、次にクーラーボックスの中を出して乾かす。テーブルやチェア、リビングの小物類などを片付けている間に干しておいた道具が乾くので、タイムロスがなくなる。

キャンプの雑学 139

バンジーコード入りのポールは端から折ると寿命が縮まる

中に伸縮するコード（バンジーコード）が入ったポールは、端から畳んでいくと中のコードが伸びてしまう。できるだけ真ん中から折り畳もう。

チョイ足し知識

苦戦しがちなテントの封入も収納袋をかぶせればあっという間

畳んでまとめたテントは意外と重量があるため、収納袋に入れるために持ち上げるのはけっこう骨が折れる。畳んだテントは地面に置き、その上から収納袋を被せるようにして収めるのがオススメだ。

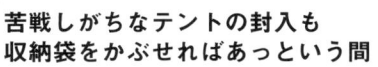

抜きにくいペグはペグを引っかけて抜く

撤収時に意外と苦労するのがペグ抜き。抜きにくいペグは、抜いた他のペグをフック部分に引っかけて、テコの原理を使ったり左右に回しながら引いたりすると抜きやすい。

ペグに付いた泥は落としてからしまおう

抜いたペグに泥が付いたままだと、材質によっては錆びて脆くなってしまうことも。ペグに付いた泥はタオルなどで拭いてから片付けたい。

キャンプの雑学 141

テントのボトムの乾燥はペグで固定&放置で効率的

晴天の中のキャンプでも、テントの下は地面からの湿気などで濡れるもの。撤収時はドームテントであればテントを横に、それ以外のテントはインナーテントをひっくり返して乾かそう。ボトムを1、2カ所ペグダウンして固定しておけば、干している間も風で飛ばされにくい。

中型以上のテントなら乾燥時はフレームを抜く

ドームテントを乾かす際、ファミリータイプなど中型以上のテントをそのままひっくり返すと自重でフレームが変形することも。軽量のテント以外はフレームを抜いてから干すようにしたい。

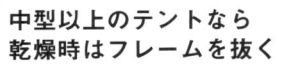

寝袋は朝起きたらすぐに乾かすのが長もちの秘訣

特にダウンが入っている寝袋は、濡れたり湿気を吸うと保温性が著しく低下してしまう。使ったあとの寝袋は寝汗などで湿っているので、できるだけ長く乾かせるように、朝起きたらすぐに干すのがセオリーだ。

布団（衣類）圧縮袋があれば
かさばる寝袋もラクラク収納

干して膨らんだ寝袋を収納袋にしまうのはなかなか骨が折れる作業だ。そこで役立つのが、空気弁が付いた布団（衣類）圧縮袋。空気を押し出しながら畳んで小さくまとめられるので、簡単に収納袋に入れられる。

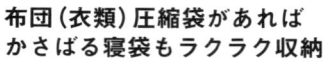

大型70Ｌ級ゴミ袋持参で雨天時の撤収がラクになる

70Ｌ級の大型ゴミ袋はゴミ集めをラクにするだけでなく、雨天時の撤収の際、濡れたテントやタープを応急処置的に詰め込むのにも役立つ。もちろん、テントやタープは濡れたままにせず、晴れた日に干すのを忘れずに。

テントやタープの結露は新聞紙を貼って速攻吸収

テントやタープの内側に付く結露を拭き取るのは、撤収作業で大きな時間ロスに。そこで役立つのが、吸水性・吸湿性に優れる新聞紙。濡れた箇所に貼り付けては剥がすを２～３回繰り返し、最後にまた新聞紙でから拭きすれば、結露はいったいどこへやらだ。

テント&タープは風通しのよい日陰で乾燥させるのが最善

テントやタープは、濡れたままだと幕体に塗布された防水素材（ポリウレタン）が加水分解を起こしてベトベトになってしまうし、シームが剥がれる原因にも。とはいえ直射日光の下で干しても紫外線が防水素材の劣化を早めてしまうので、風通しのよい日陰で干そう。

濡れたテントやタープは近日中にしっかり干す

濡れたテントやタープは、自宅に持ち帰ってからしっかりと乾かす必要がある。庭などで再度組み立てて干してもいいし、ベランダで干す場合は２本の物干し竿を渡すようにして、テントのボトムを上に向けると乾きやすい。

キャンプの雑学 145

空になったクーラーボックスは収納ボックスとして活用する

ハードタイプのクーラーボックスは中が空になっても大きさが変わらないので、収納ボックスにして有効活用しよう。雨天時なら、濡れたテントやタープ、レインウエアを中に入れて持って帰ることで、水を漏らさずに持ち帰れる。

チョイ足し知識

クーラーボックスは悪臭防止に乾燥を

食材が直に触れることもあるクーラーボックスは、雑菌の温床でもある。悪臭の発生を防ぐためにも洗った後はしっかり乾燥させ、次回また気持ちよく使用したい。

ウェアに付いた焚き火臭は重曹を溶かした水で脱臭

衣服に付いた焚き火の匂いは、燃えた木から発生した木酢が原因。この木酢は酸性の物質なので、アルカリ性の重曹と中和する性質がある。水100mLに小さじ1杯ほどの重曹を溶かした重曹水を吹き付け、しっかり拭き取るだけで簡単に匂いを取ることが可能だ。

チョイ足し知識

テントやタープに開いた穴は次のキャンプまでに塞いでおく

テントやタープに開いた穴を放置すると、大きな裂け目ができることも。小さな穴ならシームグリップなどの補修材、少し大きめの穴なら専用のリペアシートを貼り付けて修復しよう。もっと大きな穴であれば、自己修復は諦めてメーカー修理に出すのがベターだ。

キャンプの雑学 147

寝袋は圧縮したままだと どんどん保温力が下がる

寝袋付属の収納袋は、コンパクトにしまえるようにかなり小さめに作られているが、寝袋内のダウンや化学繊維は、圧縮されたままだと膨らむ力が弱くなって保温力が低下する。寝袋を保管する際は、圧縮せずにしまえるゆったりとした袋に入れておくのが正解だ。

チョイ足し知識

何度も使った寝袋＆マットは たまに洗ってメンテナンスを

使ったあとの寝袋は寝汗や空気の湿気を吸い込んでいるのでしっかりと乾燥させるだけでなく、30〜50泊ごとに洗濯したい。洗濯する際は、各寝袋の洗濯表示に従うこと。ダウンは専用の洗剤を使ったり、マットは薄めた中性洗剤を浸したタオルで拭いたりするとよい。

牛田のなんでもNo.1×80 Answers ❸

アウトドアの達人・牛田浩一がキャンプにまつわる私的“No.1”を明かします。

41 **お手製のDIYキャンプ道具No.1は？**
ソロ用の焚き火台 (牛)ビッグサイズのシェラカップにボール盤で穴を開けて自作したもの

42 **楽しかったキャンプでの大人の遊びNo.1は？**
ガチドロケイ (牛)武器を持たないサバゲー状態。本気でやるとおもしろい！

43 **美味しかったホットサンドNo.1は？**
きんぴらライスホットサンド (牛)ご飯できんぴらと海苔、マヨネーズをサンド。ご飯がプレートから剥がれるくらいまで焼けたら、表面に醤油を垂らし、水分を飛ばして完成。油代わりのバターも大事

44 **印象に残っているコーヒーNo.1は？**
デイナ・グリーソンと飲んだコーヒー
(牛)イエローストーンのキャンプ場で、バックパック界の巨匠デイナ・グリーソンと飲んだコーヒーは最高だった

45 **長く愛用しているキャンプギアNo.1は？**
コールマン アンレデッド 295 (牛)20歳のころ、父親からもらったランタン

46 **初心者におすすめしたいファミリーテントNo.1は？**
最初はレンタルが◎ (牛)何回か行ってみて、本格的に始めようと思ったらそれなりの価格のしっかりした製品を

47 **アウトドアで活躍するアプリNo.1は？**
お天気アプリ (牛)天気を見るだけでなく、撤収のタイミングを計ったりも

48 **使いやすいキャンプ用ゴミ箱No.1は？**
ルーガービッジ (牛)トート型で3つセットになっている製品。仕分けのしやすさが抜群

49 **所有する高価なアウトドアグッズNo.1は？**
ネット価格ではヒルバーグのテント (牛)MSRのパビリオンも高い

50 **個人的な見地で、テントメーカーNo.1は？**
ヒルバーグ (牛)含浸という技術を用いたアウターは加水分解がないので長く使える。強さ、安心感があり、信頼できる

51 **個人的な見地で、チェアのNo.1は？**
マクラーレンのガタバウトチェア (牛)秀逸な折り畳み式のデザイン。深く座れてリラックスできる

52 **個人的な見地で、テーブルのNo.1は？**
ブルーリッジのボイジャーテーブル (牛)愛用中のヘリノックスのチェアに最適な高さ。調理台兼テーブルにもなる

53 **個人的な見地で、LEDランタンのNo.1は？**
ユーコのシトゥカ＋ (牛)光源が上に伸びて、卓上がかなり明るくなる

54 **個人的な見地で、ガスランタンのNo.1は？**
SOTOの虫の寄りにくいランタン (牛)CB缶仕様の汎用性の高さ。そして、当然のことながら、虫除け機能は最高

55 **個人的な見地で、ガソリン・灯油ランタンのNo.1は？**
ペトロマックスのHK500 (牛)明るくて燃料も安いのでコスパが高い

56 **個人的な見地で、クーラーボックスのNo.1は？**
シマノのフィクセル プレミアム (牛)その保冷力には本当に驚かされた。6面真空はさすがによく冷える

57 **個人的な見地で、アウトドアウォッチのブランドNo.1は？**
カシオ PRO TREK (牛)スマートウォッチ全盛の時代だが、山での信頼性ではコレ

58 **個人的な見地で、アウトドアウエアのブランドNo.1は？**
icebreaker (牛)メリノウールウエアのブランド。あまりに着心地がいいので普段から愛用。汗臭くならない！

59 **個人的な見地で、バックパックのブランドNo.1は？**
macpac (牛)独自素材のアズテックは堅牢で、PUコーティングを施していないから加水分解もせず、長く使える

60 **個人的な見地で、焚き火台のNo.1は？**
ユーコ フラットパックポータブルグリル&ファイヤーピット (牛)軽量で薄い

キャンプの雑学

【心得編】

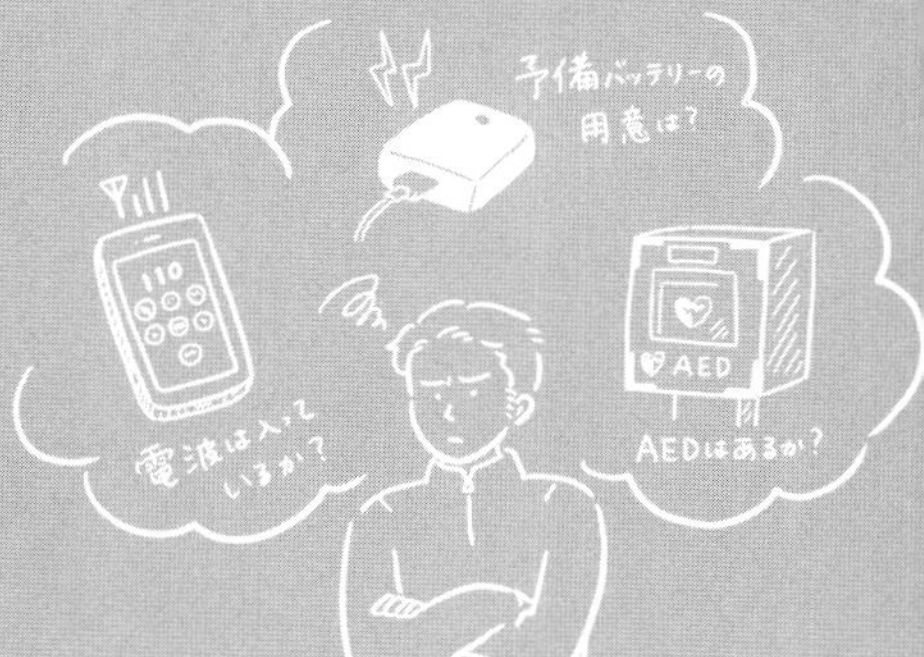
予備バッテリーの
用意は？
AED
電波は入って
いるか？
AEDはあるか？

キャンプの雑学 148

お隣さんに挨拶しておけばトラブル時にも焦らずに済む

気持ちのよい時間を過ごすためにも、隣サイトのキャンパーやファミリーとはなるべくコミュニケーションを取ろう。互いにどんな人が隣にいるかを知っておけば困ったときも助け合えるし、挨拶や声がけをするだけでもさまざまなトラブルを回避できる。

チョイ足し知識

区画サイトは言わば“長屋”短い時間でも「お隣さん」だ

ひと昔前まで「調味料を隣の家に借りに行く」「たくさん作った煮物をお隣さんにお裾分けする」というのはよくある光景だった。今ではあまり見かけないが、到着時に挨拶をしておけば、忘れ物をしたときも声を掛けやすい。いつの時代もコミュニケーションは大切だ。

キャンプの雑学 149

夜間のヒソヒソ話は意外と周りに響く

キャンプ場には「この時刻以降はお静かに」というクワイエットタイムがありみんな声量を落とすのだが、実はこのヒソヒソ話、就寝中の人には意外と耳障り。普段よりも高い声になることで、普通の会話よりもむしろ聞こえやすくなってしまうこともある。

チョイ足し知識

いびきに自覚があるなら対策を忘れないこと

遮るものが布しかないテント内で発生したいびきは、キャンプ場の静かな夜ではけっこう周囲に聞こえるもの。隣のテントに騒音として達することもあるので、いびきの大きさを自覚している人は深酒を禁じたり、いびき防止グッズを用意したりと、対策をしてから床に就こう。

キャンプの雑学 150

クルマのドアの開け閉め音も迷惑がられる可能性あり

クルマのドアの開閉音やロックする際の電子音は、夜のキャンプ場に響き渡る。必要なものを車内に置き忘れたときなどは仕方ないかもしれないが、それでもドアの開閉はできる限り避けたいところだ。

チョイ足し知識

クルマで充電はマナー違反！

最近キャンプ場でよく見かけるのが、スマホを充電するためにエンジンを掛けたまま止まっているクルマ。夜間でなくてもうるさいし、周囲にも自然環境にも迷惑となる。あらかじめモバイルバッテリーを用意したり、電源が設置されたサイトを使ったりするのがマナーだ。

キャンプの雑学 151

フリーサイトであっても スペースを意識する必要あり

区画の決められていないフリーサイトであっても、必要以上にスペースを確保するのはマナー違反。言うまでもなくキャンプ場はみんなのもの。ひんしゅくを買いたくなければ、むやみにスペースを占領しないように。

チョイ足し知識

自分のスペースからは張り綱もはみ出させない

区画サイトでありがちなのが、スペースのギリギリにテントやタープを設置した結果、ガイラインが区画の外にはみ出す事態。もちろんマナー違反なので、ガイラインの長さも把握したレイアウトが求められる。どうしても解消できない場合は、お隣さんにひと言断りを入れたい。

木にロープを巻くときは養生するのが自然のルール

たとえばハンモックなどは、ロープを使って両端を木に固定するのが一般的。この際、木にロープを直接巻くのは、樹皮を傷つけてしまうので御法度。保護材としてタオルを巻いたり、ロープと木の間に枝を数本挟んだりして、木へのダメージの軽減に努めたい。

野生動物に必要以上に干渉してはいけない

キャンプ場では周辺に生息する野生動物に出くわすこともあるが、そんなときは決して追い回したりエサを与えたりしてはいけない。キャンパーは動物たちのテリトリーを間借りしている立場。動物たちの自然な行動を邪魔する権利は持ち合わせていないのだ。

熱射病の症状が出たら体を冷やすことが大事

熱射病の症状が出たら一も二もなく体を冷やしたい。木陰などの涼しい場所に逃げて、冷たい水をゆっくりと飲もう。首や腋の下など、太い血管が通っている箇所を冷やしたり、着ている衣服を濡らしたりするのも効果的だ。

チョイ足し知識

小まめな水分補給と帽子で熱中症対策を

野外での活動が多いキャンプでは、日射しを遮るキャップを被り、こまめに水分補給をして熱射病にならないよう努めたい。

キャンプの雑学 154

脱水症の症状が出たら経口補水液の摂取が大事

熱射病と似ているが、体が熱を持ちすぎるのではなく、体内の水分が不足することで起こるのが脱水症だ。炎天下での運動による発汗や下痢によって失われた水分や電解質を補給するために、すぐに経口補水液を取ろう。意識障害などの重症時は迷わず救急要請を。

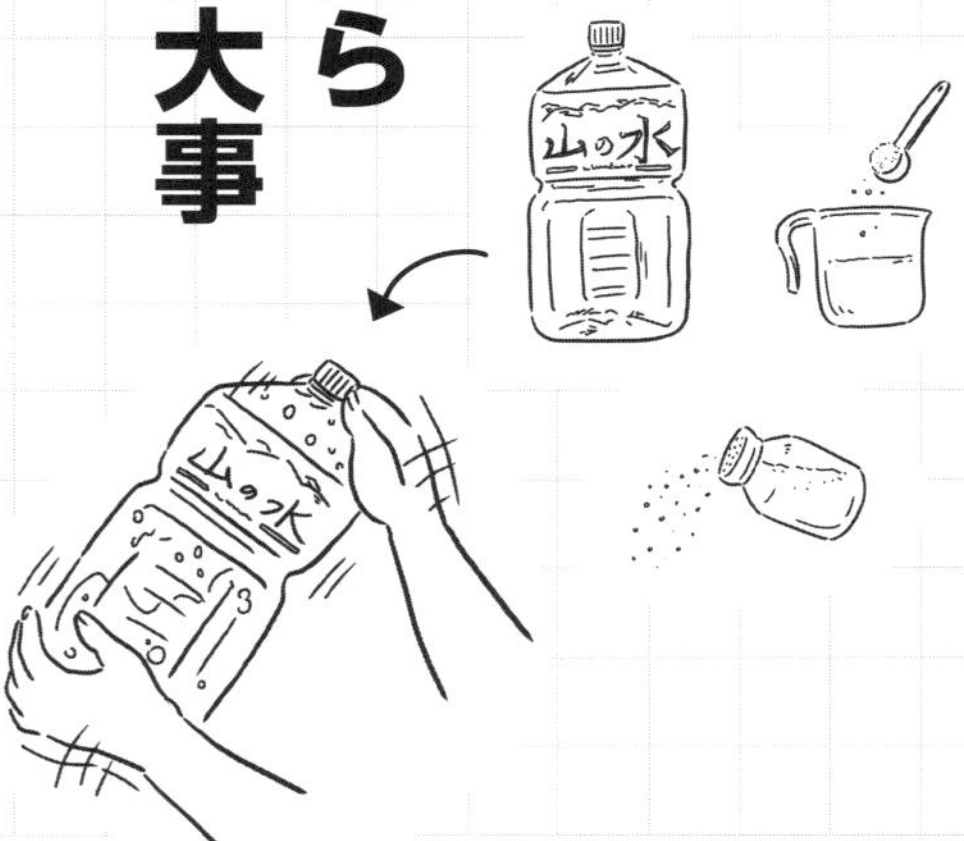

脱水症の予防に役立つ水と食べ物のこまめな補給

猛暑時は発汗量を減らすために炎天下での運動を避け、こまめに水分と食べものを補給するのが何よりの予防になる。水を飲むだけでは汗で失われる電解質が補給できないので、食事もしっかりと取るようにしたい。

応急処置

低体温症の症状が出たら体を温めるのが最優先

低体温症の症状が出たら乾燥した衣服に着替え、寝袋にくるまって湯たんぽを抱えるなどして、体の保温に努める。温かいお茶を飲んだりチョコレートのような高カロリー食品を食べるのも効果がある。

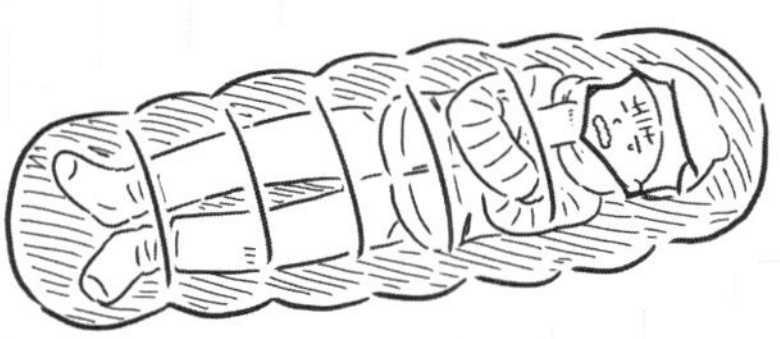

チョイ足し知識

低体温症にならないよう濡れたら着替え＆乾燥を

汗や雨で衣服が濡れたり、風で冷えたり、カロリーが不足したりすると、夏であっても低体温症は起こる。止まらない震えと意識の低下により、ひどい場合は凍死に至ることも。濡れたときは、着替えと乾燥を徹底しよう。

キャンプの雑学

156

もしも熱傷を負ったらとにかく患部を冷やす

熱傷はとにかく冷やすことが重要。着衣の上から熱湯がかかったら、服の上から水を掛けて冷やそう。冷やす際は感染症の恐れがある川の水ではなく、水道水や未開封のミネラルウォーターを使うのが望ましい。広範囲に熱傷を負ったときは１１９番通報してすぐに医療機関へ。

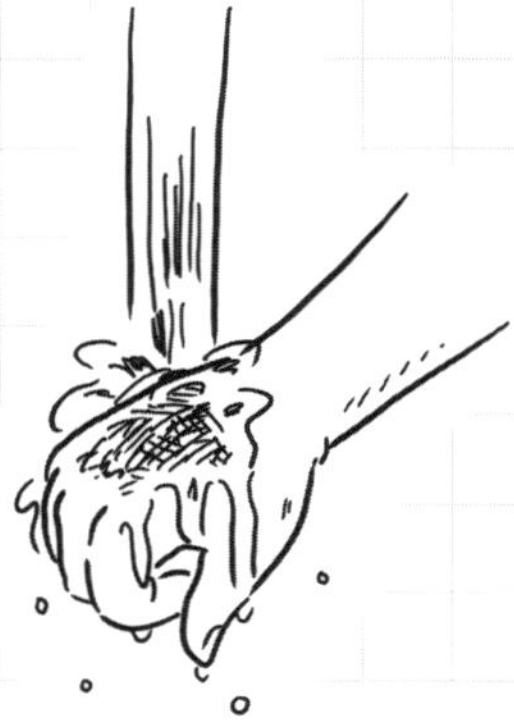

キャンプで熱傷したくないなら安定した場所に道具を設営せよ

足場が不安定なキャンプ場では、料理中の調理器具や焚き火台が倒れたりして熱傷を負うことが多い。安定した場所にキッチンや焚き火台を設営することが、キャンプにおいては何よりの熱傷対策になる。

ねん挫や骨折した際は慌てず固定して安静にするのが正解

患部が変形したり痛みに耐えられなかったりする怪我の場合は、すぐに119番通報して医療機関へ。そこまでひどくないときはポールやテーブルの脚、段ボールなど添え木になる物を見つけ、包帯やタオル、ガムテープなどで固定して患部の安静に努めよう。

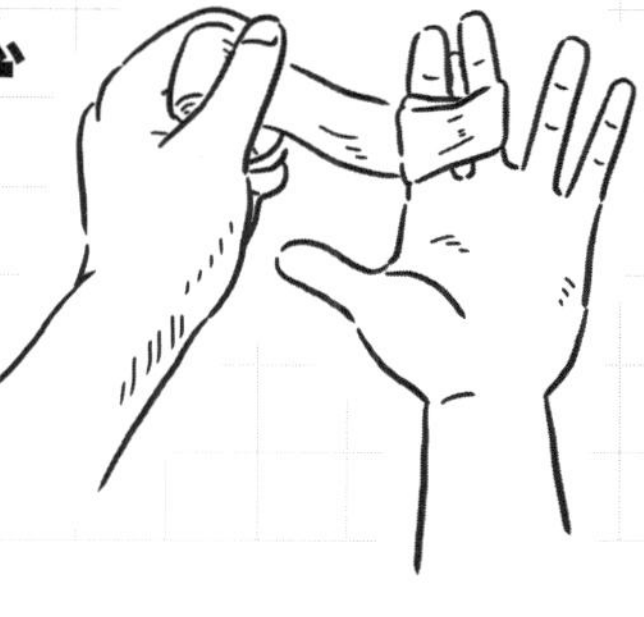

ねん挫や骨折を防ぐには転ばないための対策を

ねんざや骨折の主な原因は、転ぶこと。足場の悪いところでは注意する、滑りにくくて足首までガードしてくれるトレッキングシューズのような靴を履く。この2点を守るだけでも、転ぶ可能性はグッと低くなる。

キャンプの雑学 158

切り傷は即座の止血としっかり洗浄が大事

切り傷を負ったときの対処法は、家でも外でも基本は同じ。水道水や未開封のミネラルウォーターで傷口をきれいに洗い流したら、絆創膏や清潔なガーゼを強く巻いて止血する。出血が止まらないときは、患部を直接圧迫した状態を保って、すぐに医療機関にかかろう。

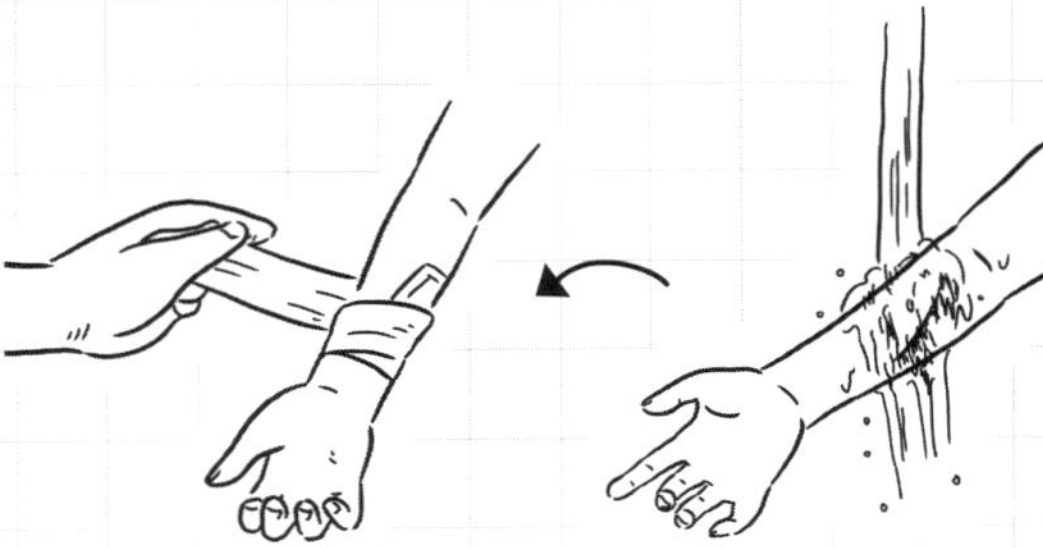

応急処置

チョイ足し知識

転倒対策だけでなく刃物の扱いにも注意を

キャンプにおける擦り傷・切り傷は、ねん挫や骨折と同じく転倒で負うことが多いので、同様に対策を。また包丁やナイフといった刃物で切り傷を負うことも少なくないので、取り扱う際は最大限に注意をはらおう。

キャンプの雑学 159

太い枝やペグが刺さったら絶対に抜かずに医療機関へ

とげや釣り針ならまだしも、太い枝やペグが体に刺さってしまったときは、絶対に抜かないこと。抜くと大量出血につながる可能性があるので、刺さったままの状態を保って医療機関に向かうように。

チョイ足し知識

長いものが刺さったら不要部分は切り落とす

長い枝などが刺さってしまい、抜かずに医療機関に向かうことになった場合は、移動時や運搬時に邪魔になる部分を切り落とすとよい。ただし傷口が広がらないよう、刺さった物をしっかりと固定したうえで切り落とせることが前提条件になる。

頭を強く打ったときは意識の変化に注意を払う

頭はぶつけたり打ったりしたときの緊急性がわかりにくい。ひとまず安静にして、精神状態の悪化や激しい頭痛、嘔吐などの症状が起きないか観察しよう。頭はとても重要な器官なので、症状に不安がある場合は躊躇せずに救急要請するべき。

頭を打つのを防ぐにはやっぱり転倒対策が大事

転倒時に頭を打つことが多いので、やはり転ばないために対策することがいちばんの予防になる。また、落石の危険がある場所に近づかないことも重要だ。

キャンプの雑学 161

急な腹痛に襲われたら症状に合わせた対処を

腹痛時は膝を立ててお腹を緩ませたり横になって膝を抱えたりして、ラクになる姿勢を取る。基本的に水分を取って安静にすることで対処するが、お腹を押すと痛みが悪化したり、熱が下がらなかったり、吐しゃ物や排泄物に血が混じっていたりしたらただちに医療機関へ。

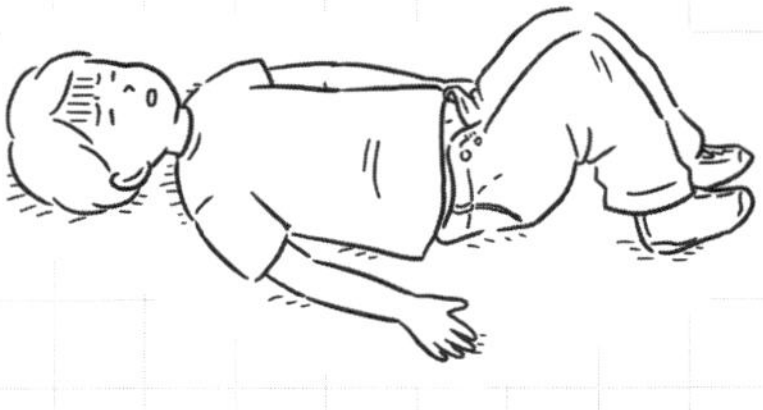

食中毒を防ぐには食材の傷み山菜やキノコ、沢の水に注意

キャンプでは環境の変化によるストレス性の下痢や便秘も起きがちだが、もっとも気をつけたいのは食中毒による腹痛だ。知識がないなら山菜やキノコを採集して食べるのは避け、沢の水も下痢の原因になるので飲まないようにしたい。

クーラーボックスはウキの代わりになる

自分が川で流された場合は、足を下流に向けて障害物を避けながら浅瀬を目指す。溺れた人を見つけた場合は、周囲に救護の応援を頼みつつ、空のクーラーボックスや防水バッグ、中身を抜いてフタをした大型のペットボトルなど、浮きになる物にロープを付けて投げ渡そう。

チョイ足し知識

ライフジャケットは水辺で遊ぶ際の必需品

水難事故のほとんどは、ライフジャケットを着用していれば最悪の事態は避けられる。川辺で遊ぶ際は、何はなくともまずはライフジャケットの準備を忘れないように。そのほか、天気予報や上流のダムの放流スケジュールもあらかじめ確認しておきたい。

虫刺されで気をつけるべきは アナフィラキシーショック

虫刺されでもっとも怖いのは、全身に重度のアレルギー反応が起こるアナフィラキシーショック。万が一ハチに刺されて息苦しさや嘔吐、意識の混濁などの異常を感じたら、すぐに１１９番通報しよう。その他、ブヨ、蚊、アブなどに刺されて症状が悪化した場合も医療機関へ。

チョイ足し知識

スプレーに長袖、長ズボン 虫刺され対策は基本が大事

虫刺されを防ぐには、虫を近づけないという基本を守ればよい。虫除けスプレーを吹くのはもちろんのこと、多少熱くても長袖長ズボンを着用して肌の露出を避けることで、被害をかなり軽減できる。

緊急時は複数の大人で手分けして処置に当たる

怪我や事故などの緊急事態では、周りの大人にも協力を求めて複数人で処置に当たろう。手当てをする人、救急に救助を求める人などを指名して分け、役割分担をするだけでも効率がよくなる。

チョイ足し知識

症状の経過を見ながら できればメモを取っておく

怪我や病気の人を処置する際は、症状や意識の状態、行った手当ての内容などを時刻と一緒に記録しておきたい。そのメモを救急隊員や医療機関の職員に渡せば、その後の治療の参考資料になる。

キャンプ場の救急態勢は到着時に調べるのが基本

キャンプ場にチェックインした際に、救急態勢がどれくらい整っているかを調べておく。AEDの有無やその設置場所、携帯の電波状況などを頭に入れておくだけで、緊急時の初動に差が出る。

予備バッテリーの用意は?
110
AED
電波は入っているか?
AEDはあるか?

チョイ足し知識

最寄りの救急病院も調べておくと心強い

キャンプ場の最寄りの救急病院の所在地も調べておこう。万が一の事態になって救急車を呼んだときも到着時間の目安になるし、それほど症状が重篤でなくても、気になったらすぐに自分のクルマで向かえるのは心強い。

人工音を鳴らせば熊との遭遇を回避しやすくなる

前提として、熊のテリトリーにお邪魔をしている意識を持とう。そのうえで、熊も人間が怖いので人工的な音を嫌う。熊鈴や笛の音、ラジオの音や話し声、歌声を発していれば、遭遇する危険を減らすことができる。ペットボトルを潰す「ベコッ」という音も効果的だ。

足跡や熊床、強い獣臭など熊がいるサインを見逃すな

「キャンプ場だから大丈夫」というのは思い込みに過ぎず、キャンプ場でも熊の出没例はある。近くの森や山に入る際は特に注意。足跡やクマクサが丸く潰れている「熊床（熊の寝床）」を見かけたり、強い獣臭を感じたりしたら速やかに場所を移動しよう。

キャンプの雑学 167

スズメバチの警告に早めに気づけば刺されずに済む

特に危険なのはキイロスズメバチとオオスズメバチで、繁殖期（9～10月）は特に攻撃的になる。多くの場合は、羽音を激しく立てる、ホバーリングしてくる、カチカチ音を出すといった攻撃前の予兆があるので、これらの警告に気づいたら静かにその場を離れよう。

小さく黒くて気づきにくいクロスズメバチにも注意を

地バチと呼ばれることの多いクロスズメバチは、キイロやオオスズメバチに比べると毒が弱いとはいえ、刺されると当然痛い。黒くて小さく、わかりやすい黄色と黒の体色をしていないことからスズメバチの一種と気づきにくいので、ちょっかいを出さないように注意したい。

キャンプの雑学 168

野犬に遭遇してしまったらゆっくり距離を取るといい

野犬に出会った場合は慌てて逃げないほうがよい。ゆっくり距離を取りながら後退して、石や枝など武器になりそうな物を手に取る。そのまま引き下がるのを待ち、襲ってきた場合は持っているもので威嚇、抵抗する。最悪の場合は体を丸め、強く握ったこぶしで首を守る。

チョイ足し知識

イノシシに出会ったら木に登ってやり過ごす手も

イノシシはかなり獰猛で、その突進力と鋭い牙、アゴの力は大きな脅威。遭遇した場合は背を向けずに後退して距離を取るのが基本だ。また、イノシシは木登りができないので、近くに木がある場合はそこに登ってやり過ごすのも有効だ。

マムシよりもハブよりも毒性が強いヤマカガシに注意

ヤマカガシは奥の牙で咬まれないと毒が注入されないので毒蛇と認識している人は少ないが、毒性はマムシの3倍、ハブの10倍と、高い危険性を誇る。平地や山地、水田などあらゆる場所に生息するものの、臆病な性格なので出くわしたら即退散すれば危険は回避しやすい。

チョイ足し知識

ヤマカガシの血清を持つ病院は少ないので申告が大事

ヤマカガシに咬まれたときは、傷より心臓に近い部位を軽く縛り、毒を吸引する。その後、早急に医療機関に向かいたいが、診療の際には必ずヤマカガシに咬まれたことを申告したい。ヤマカガシの血清を置いている医療機関は少なく、取り寄せとなる場合があるからだ。

牛田のなんでもNo.1×*80 Answers* ❹

アウトドアの達人・牛田浩一がキャンプにまつわる私的"No.1"を明かします。

61 **キャンプの懐かしい思い出No.1は？**
大原でサメと出会う (牛)小学1年生のころ、海辺のキャンプで初めて地引網をしたとき、小さいサメをゲット。最終的に漁師さんが調理して食べさせてくれた

62 **長かったキャンプの日程No.1は？**
10日間 (牛)小学生のころ、キャンパークラブの日本代表として参加したキャンプの世界大会が、10日間だった

63 **キャンプ場で驚いた体験No.1は？**
シカの目 (牛)学生時代の話。深夜、物音に気づいてテントを開けてヘッドライトを照らすと、そこには無数に光る鹿の目が……

64 **キャンプ場で嬉しかった体験No.1は？**
温水洗浄便座 (牛)温水洗浄便座に慣れ親しんだ者には大変ありがたい

65 **おすすめの燻製No.1は？**
醤油 (牛)醤油を燻製にすると魔法の調味料と化す。これで卵かけご飯を食べてみてほしい

66 **BBQのタレNo.1は？**
燻製醤油 (牛)前問の回答とかぶるが、オープンなBBQグリルの場合、燻製醤油を使うと抜群においしくなる

67 **日焼け防止法No.1は？**
特になし (牛)そもそも日焼けはあまり気にしない。気になる人は、クリーム、UPFのウエアを活用するといい

68 **結露を防ぐ方法No.1は？**
換気 (牛)結露をなくせはしないが、テントの換気で軽減させることは可能

69 **キャンプで重宝する100均グッズNo.1は？**
突っ張り棒 (牛)クーラーボックスの中に使う。口の開いた牛乳パックの転倒防止の他、保冷剤や氷を上にすることができ、保冷効果をアップできる

70 **キャンプに持っていきたい缶詰No.1は？**
サバ缶 (牛)そのままでもいけるし、料理に入れたり、ちょい足ししておつまみにしても美味い

71 **楽しかったキャンプイベントNo.1は？**
True Camp (牛)前職で運営していたイベント。10年という節目で終了したが、何かのタイミングで復活するかも!?

72 **楽しかったキャンプインフェスNo.1は？**
Natural High！ (牛)特に同フェスの初期のころはアウトドア的要素とその雰囲気がすごくよかった

73 **自分のキャンピングカーで気に入っているところNo.1は？**
サイズ感 (牛)僕のはハイエースの幅を少し大きくしたくらいで、普通の駐車場にも停められるし、細めの道も通れるので

74 **キャンピングカーの魅力No.1は？**
自由度 (牛)思い立ったときにすぐ動ける点。宿を予約する必要もない

75 **楽しかったキャンピングカーの旅No.1は？**
北海道 (牛)家族で行った北海道。ベタだけど、夏の北海道を約2週間。子どもたちを遊ばせつつ、僕は釣りをしたり

76 **キャンプで飲みたいお酒No.1は？**
ビールと日本酒 (牛)カルヴァドスとかを持っていった時期もあったが、やっぱり夏はビール！ 寒ければ熱燗！

77 **今まで登った中で印象に残っている山No.1は？**
紅葉の涸沢 (牛)山でなくて申し訳ないが、色々な諸事情がある中の山行で訪れた紅葉の涸沢は忘れがたい

78 **行った回数の多いキャンプ場No.1は？**
「ふもとっぱら」か「嬬恋」 (牛)この2つは、とにかく仕事で行くことが多い

79 **キャンプの二日酔い対策No.1は？**
泳ぐ！ (牛)理由はわからないが、泳ぐとすぐ復活する。先日も本栖湖で泳いだ

80 **お気に入りのキャンプ用シューズNo.1は？**
サロモンのXA PRO 3D GORE - TEX
(牛)夏以外はこれ。クイックレースがラクなのと、アドベンチャーレース由来のシューズなのでそのマルチパーパスさが◎

キャンプの雑学

「基礎の基礎編」

基礎の基礎01

キャンプに必要な道具

**キャンプを楽しむうえでの基本的な道具がこちら。
慣れないうちはチェックボックスに印を入れて、忘れ物に気をつけよう。**

居住関連

- □テント
- □タープ
- □ペグ・ハンマー
- □レジャーシート
- □マット／コット
- □寝袋
- □ランタン
- □ヘッドライト
- □テーブル
- □チェア

食事関連

- □クーラーボックス
- □バーナー
- □燃料
- □鍋・フライパン（クッカー）
- □調理道具
- □食器
- □スプーン・おはし・お皿
- □保冷剤（氷）
- □洗い物道具
- □キッチンテーブル

娯楽関連

- □焚き火台
- □薪
- □BBQグリル
- □炭
- □着火剤
- □火ばさみ
- □ライター
- □軍手／グローブ
- □チャコールスターター

衣服関連

- □アウター
- □レインウエア
- □帽子
- □着替え
- □傘

その他

- □ティッシュ・ウェットティッシュ
- □タオル
- □虫除け（スプレー・線香）
- □モバイルバッテリー
- □救急セット

基本的なキャンプ道具

テント

テントはキャンプにおけるマイホーム。日射しや風雨、動物や虫から自身を守る役割も。使用人数に合わせた大きさを選びたい。

タープ

野外のリビングスペースに屋根を作るのがタープ。日射しや雨を遮り、快適な空間を生み出す。ポールを持って行くのも忘れずに。

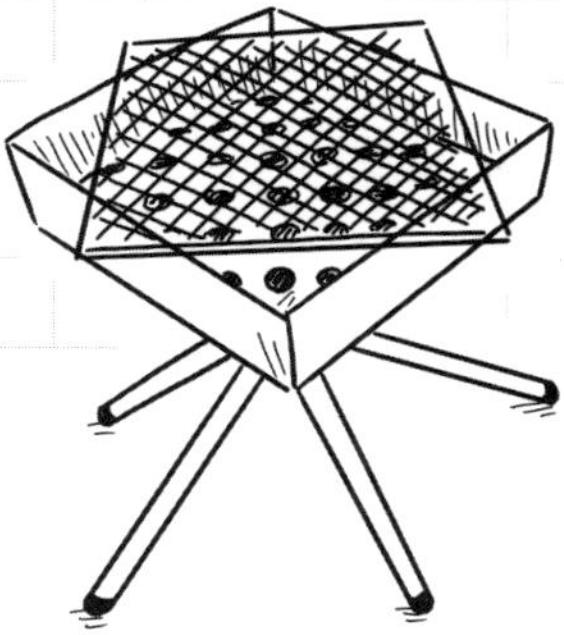

焚き火台

キャンプの夜を彩る焚き火は、専用の台上に薪を置いて楽しむ。最近は直火禁止のキャンプ場が多いので、焚き火を楽しむなら必需品。

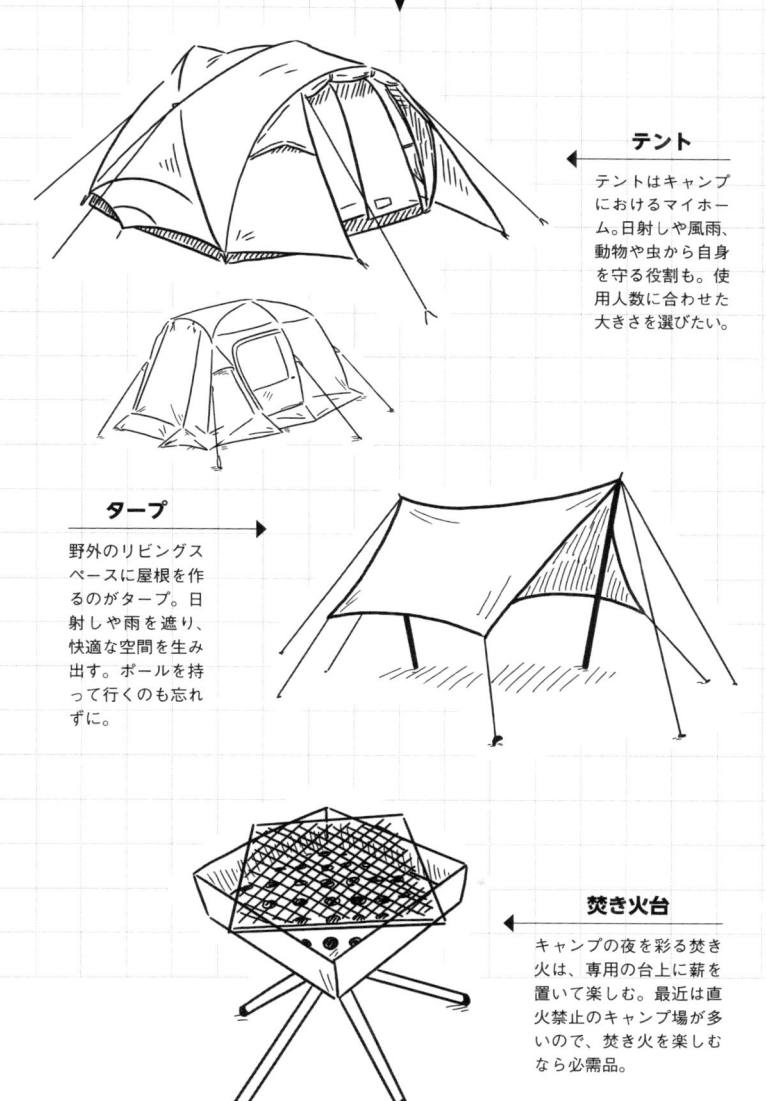

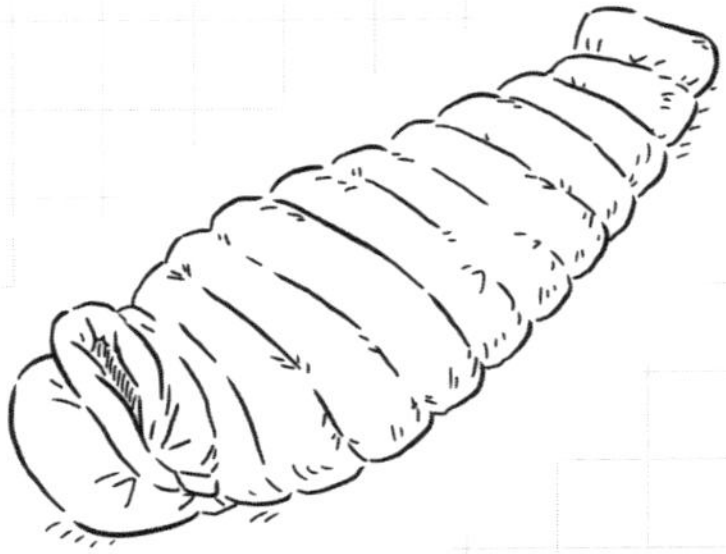

寝袋

掛け布団と敷き布団がコンパクトに一体化した寝袋は、キャンプの寝床にうってつけ。しっかり包まって野外でも快適な睡眠を取ろう。

マット

ベッドや敷き布団の代わりになるマットがなければ、凸凹地面の野外では満足に寝られない。地面からの冷えもシャットアウトする。

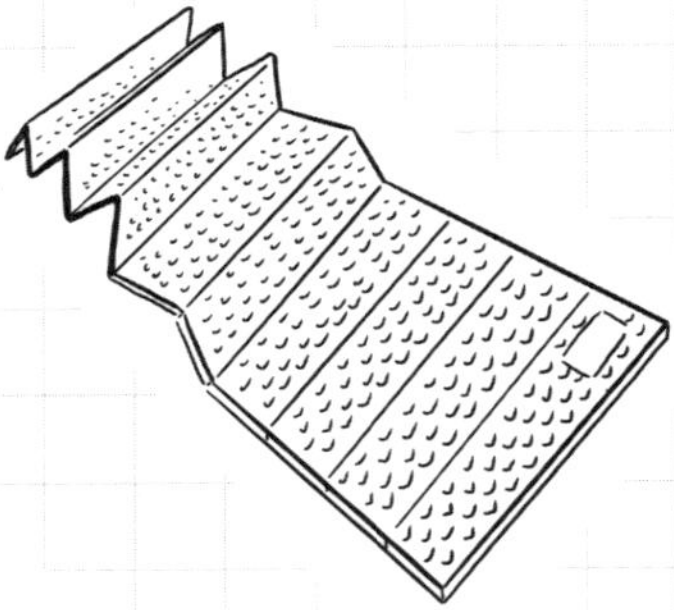

チェア

食事や焚き火のようなくつろぎたいシーンに欠かせないのがチェア。地べたに座るよりもゆったりのんびり、リラックスできる。

テーブル

チェアと組み合わせて野外にリビングスペースを作り出すのがテーブル。チェアと高さを合わせて、リビングのスタイルを決定しよう。

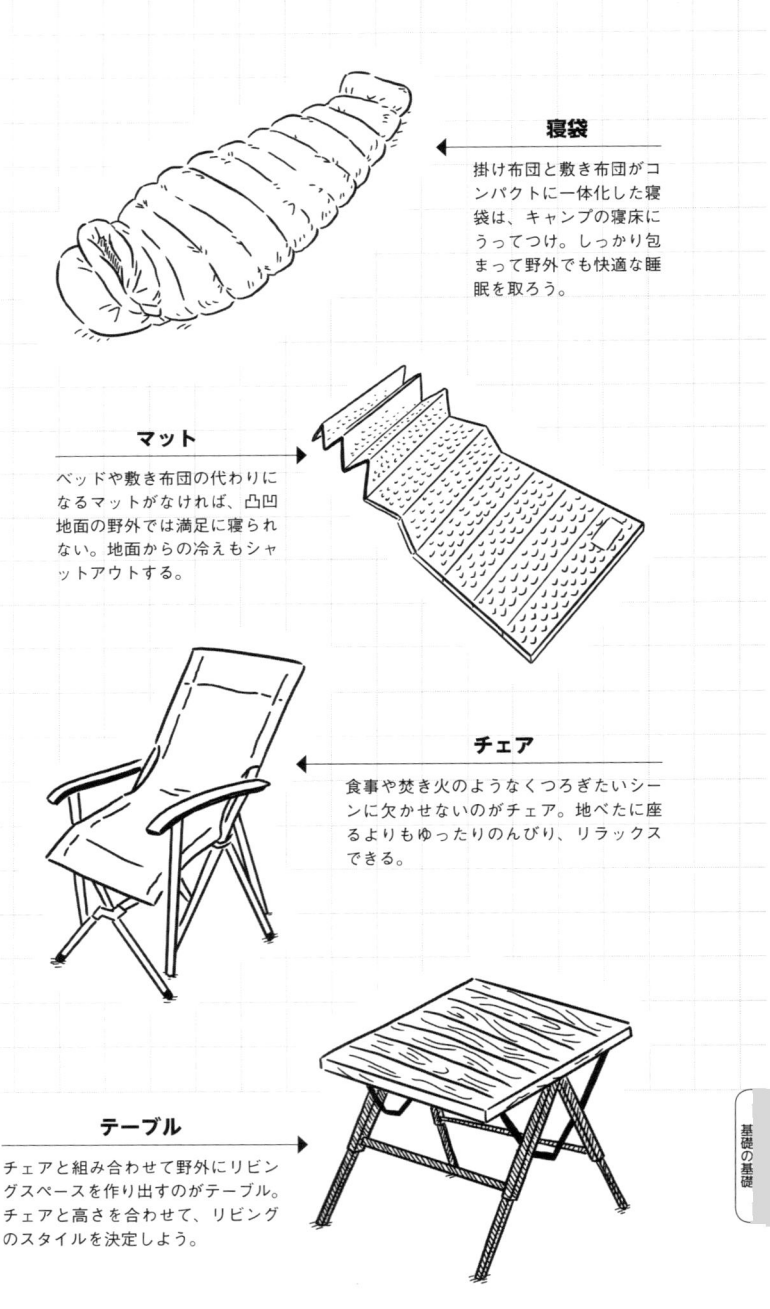

バーナー

食事の調理やコーヒーやお茶をいれるための湯沸かしなど、野外の熱源として活躍するバーナー。ガスとガソリン、2種類の燃料がある。

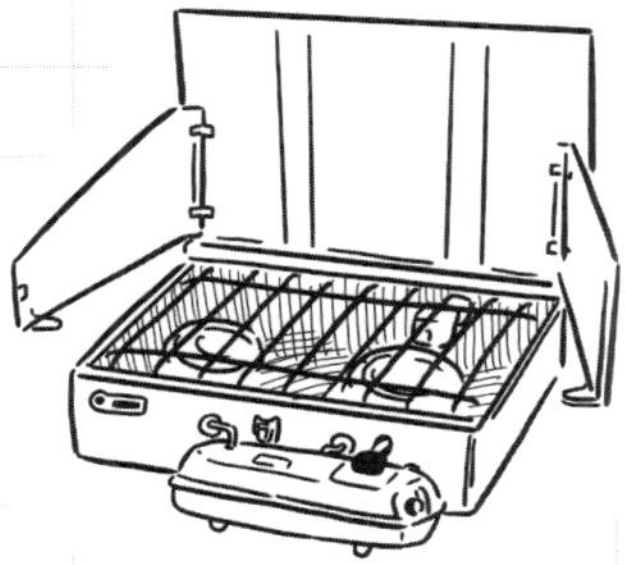

鍋・フライパン

調理に鍋やフライパンが必要なのは、家も野外も一緒だ。キャンプに特化したクッカーは、スタッキングできる省スペース仕様が多い。

クーラーボックス

キャンプにおける冷蔵庫がクーラーボックス。食材が傷むのを防ぐのはもちろん、よく冷えた飲み物（ビール）を楽しむためにも必須。ハードタイプとソフトタイプがある。

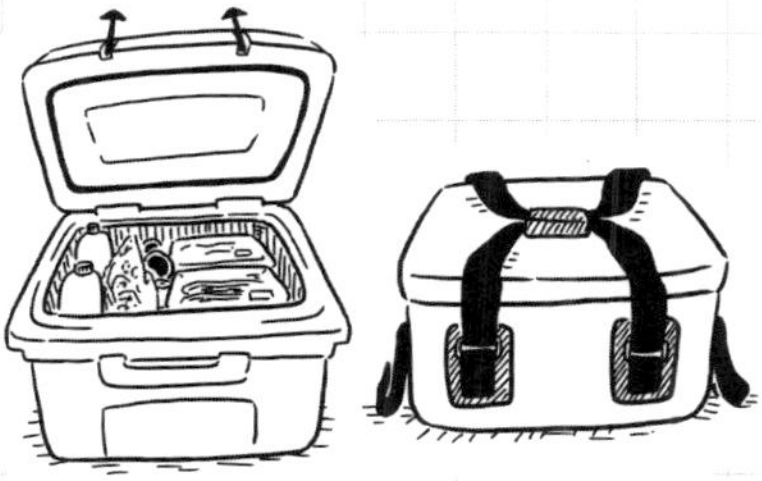

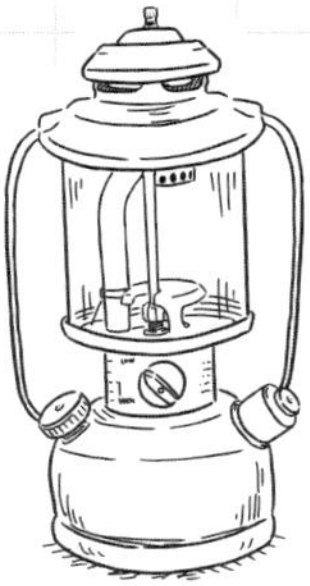

ランタン

キャンプの夜を明るく照らしてくれるアイテム。自然の真っ暗闇の中で過ごすキャンプだからこそ、灯りのありがたさがよくわかる。

基礎の基礎02

テントの種類

テントの代表的な種類がこちらの3つ。特徴を把握して、目指すキャンプサイトにぴったりな一幕を選ぼう。

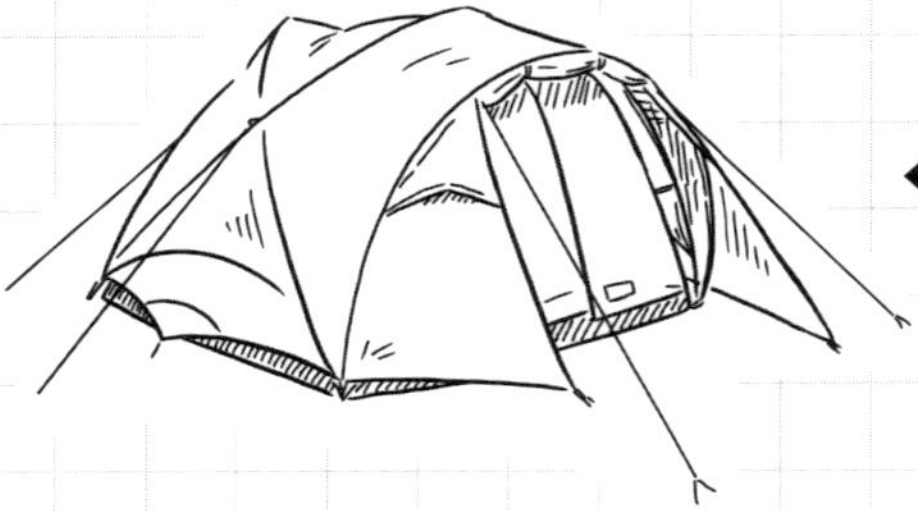

ドームテント
(自立式)

ポールのテンションだけでテントの形になって自立するのが、ドームテント。テントを張る場所を選ばず、設営も比較的容易だ。

トンネルテント
(非自立式)

ペグや張り綱を使わないと自立しないので、設営位置を変えるのは少し面倒。2ルームタイプはリビングと寝室を一度に設営でき、タープが不要に。

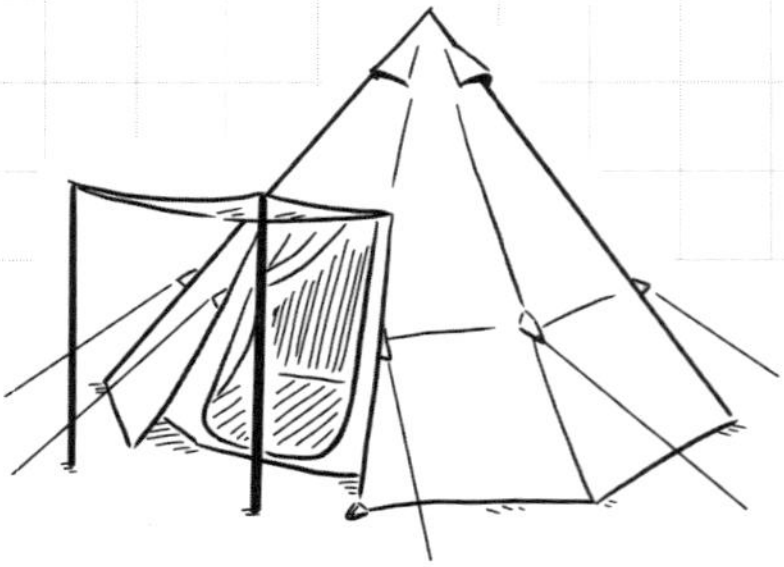

ワンポールテント

真ん中に1本のポールを立てるだけで自立するので、設営が非常に簡単。斜めに立ち上がる壁が圧迫感を生むが、中心部の天井は高い。

基礎の基礎03

ドームテントの立て方

自立式テントの代表格、ドームテントの立て方を簡単に紹介。
サイズにもよるが、慣れてくれば1人でも設営できるはず。

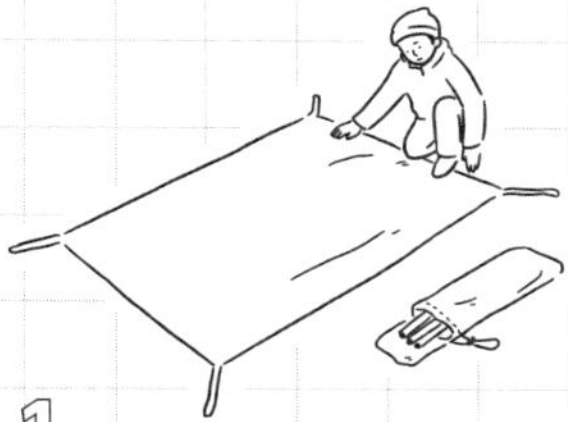

1

テントを張る場所を決めたら、テントのボトムを守るグランドシートを敷く。

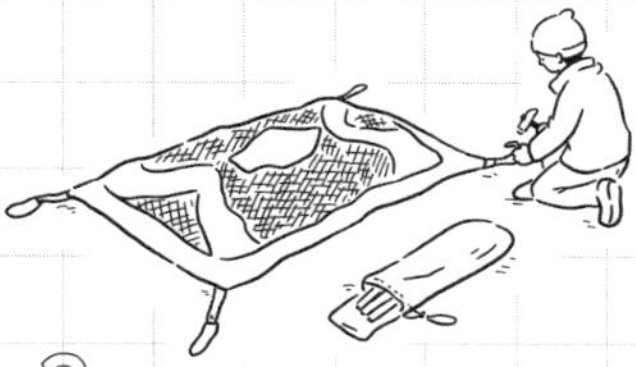

2

グランドシートの上にインナーシートを敷き、四隅を軽くペグダウン。そのペグに、グランドシートの四隅も引っかけておく。

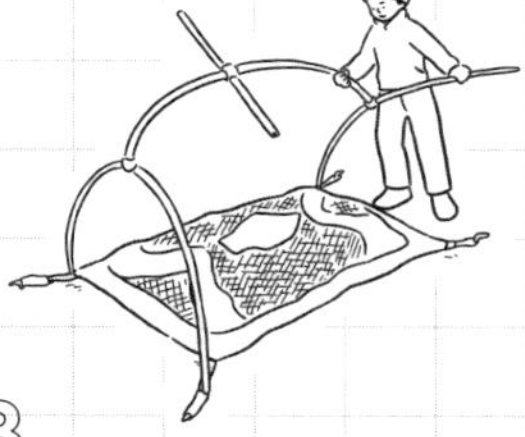

3

フレームを組み立てて、インナーテントのグロメットに差し込んでいく。テントの骨組みができあがる。

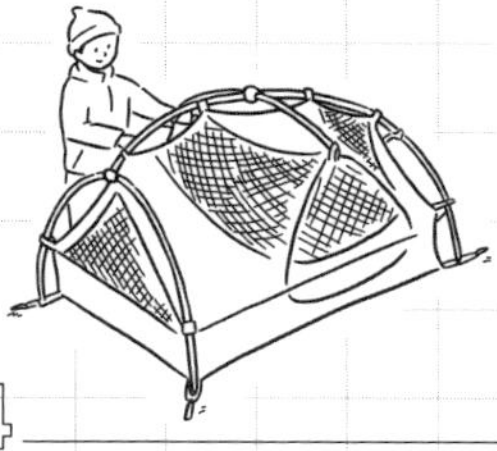

4

立ち上がったフレームにインナーテントのフックを引っかけて、吊り下げていく。

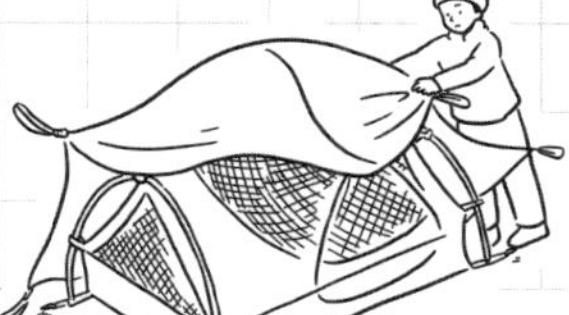

5

フライシートを被せる。フライシートの四隅をインナーテントの四隅と連結。

6

出入り口のキャノピー、張り綱などをペグダウンしたら設営完了。

基礎の基礎04

トンネルテントの立て方

現在人気のトンネルテントの立て方を簡単に紹介。
キャンプ用のファミリーサイズは、基本的に２人以上で設営したい。

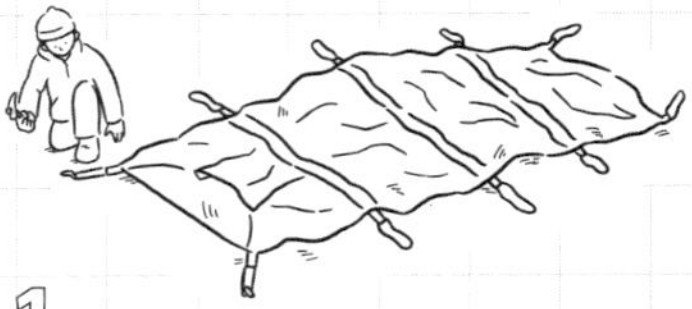

1

フライシートを広げて、片方の端だけ２カ所ペグダウンする。

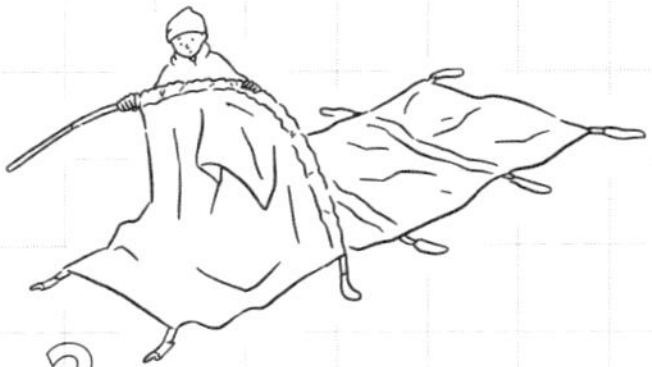

2

フライシートのスリーブにフレームポールを通していく。

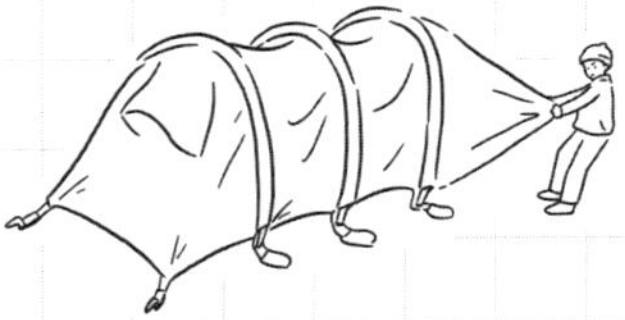

3

ポールをすべて通し終えたら、蛇腹状の幕体を引っ張ってテントを立ち上げていく。

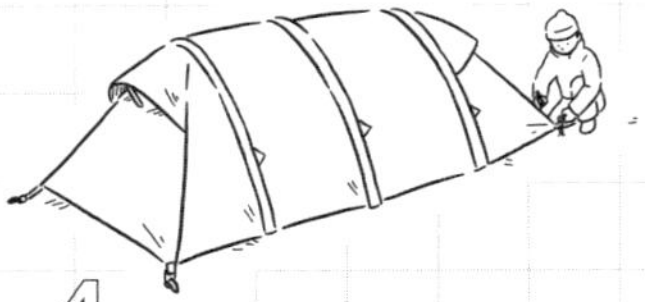

4

テントが倒れないよう、反対側の端をペグダウン。ここまでの４カ所にペグを打てば自立する。

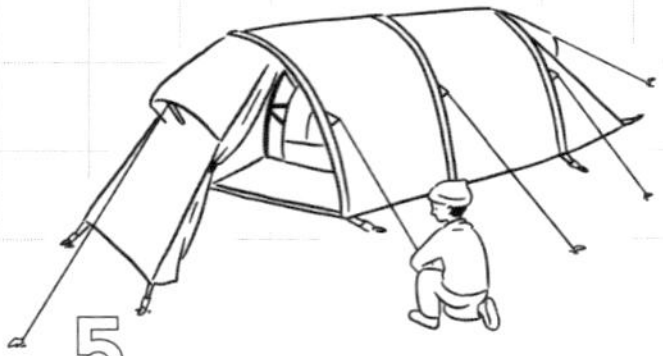

5

フライシートの必要箇所をペグダウンしたら、寝室用のインナーテントを中に吊して設営完了。強風に備えて張り綱を張るのも忘れずに。

基礎の基礎05

ランタンの種類

使う燃料別に3種類のランタンを紹介。ちなみにランタンは、マントル、LED、炎といった光源の種類でも大きく3つに分けられる。

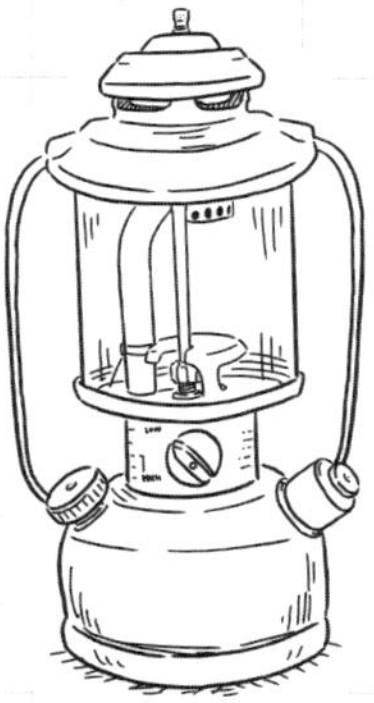

ガソリンランタン

ホワイトガソリンなどを気化させ、そのガスを燃やした熱でマントルを発光させる。非常に明るいが、ポンピングなどの手間がかかる。

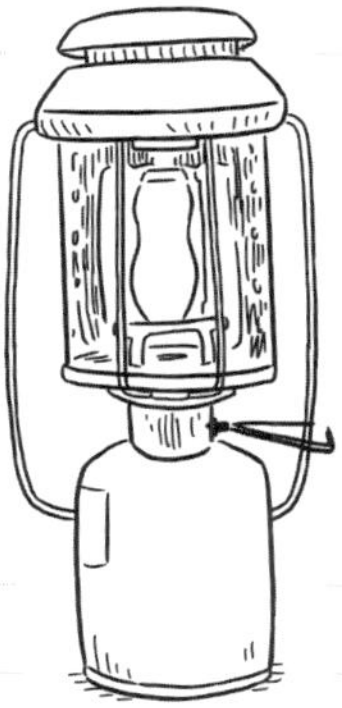

ガスランタン

ボンベ内のガスを燃やした熱でマントルを発光させたり、炎そのもので照らしたりして灯りを得る。扱いは簡単でマントル式は光量もある。

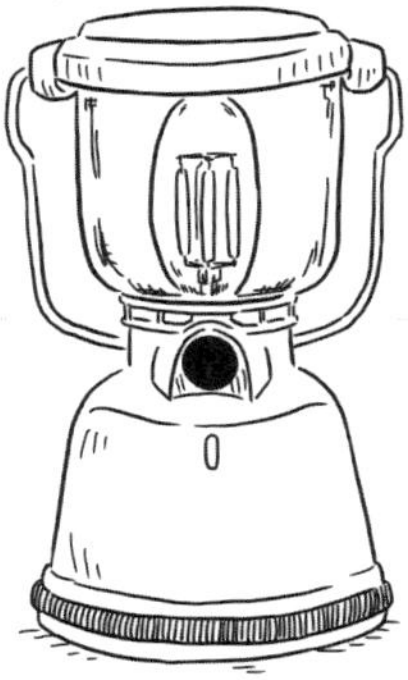

LEDランタン

燃料で言えば乾電池だが、一般的にLEDランタンと呼ばれる。扱いが非常に簡単かつ安全。インナーテント内ではこれを使用したい。

基礎の基礎06

タープの種類

タープの代表的な種類がこちらの2つ。基本的にはどちらも一枚の大きな布なのだが、形状の違いによって使い勝手が異なってくる。

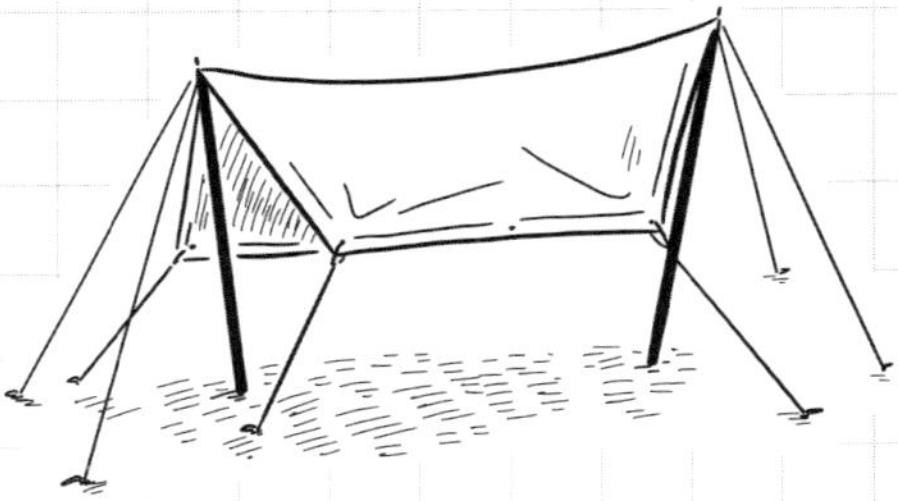

ヘキサタープ

各辺が緩やかに弧を描くので、日陰の面積は若干小さくなる。見た目のスタイルがよく、レクタタープと比較すると若干風に強い。

レクタタープ

幕体がシンプルな長方形（正方形）なので、頂点の場所を変えることでさまざまな張り方が楽しめる。

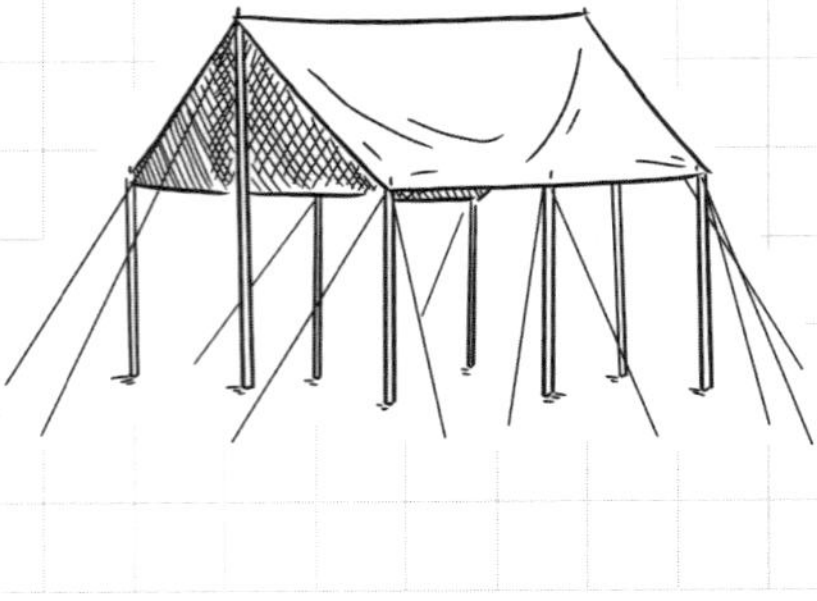

基礎の基礎07

タープの立て方

初心者でも設営しやすいタープの立て方を紹介。
コツは、ポールを立てた際にしっかりとテンションをかけて自立させること。

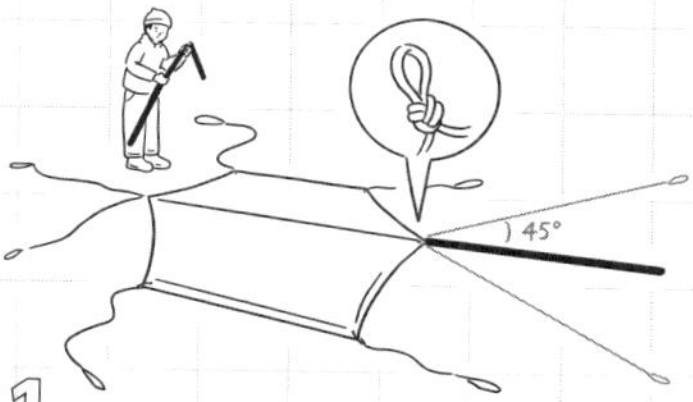

1

タープを広げたら左右の2つの頂点にポールを差し込み、その上から張り綱を掛けていく。頂点から出るポールと2本の張り綱の間がそれぞれ約45度になるようにして、張り綱の端をペグダウン。

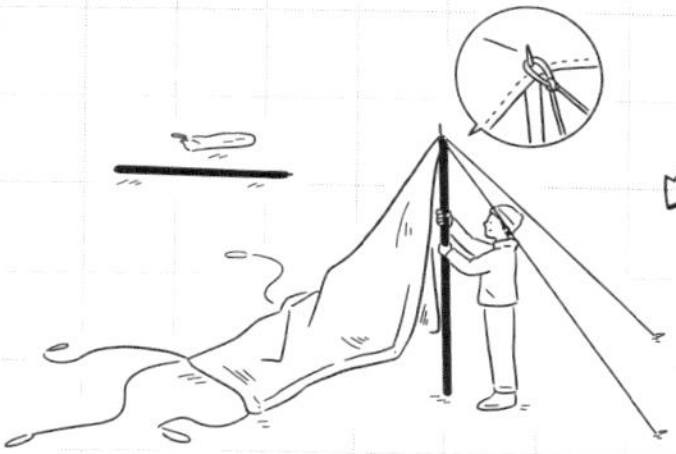

2

ポールを立てながら張り綱の自在金具を使い、軽くテンションをかけて自立させる。

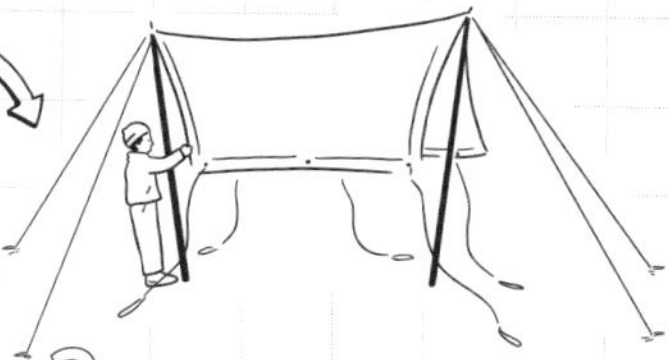

3

反対側のポールも同様に立ち上げる。耐風性を上げるため、タープのポールは少し内側に傾ける（51ページ参照）。

4

残りの張り綱をすべてペグダウンして、自在金具を使ってタープ全体にテンションをかければ設営完了。

基礎の基礎08

炭の種類

炭を使った料理、特にBBQのできあがりは使われる炭の種類によって異なってくる。炭の特徴を把握して、キャンプ料理を成功させよう。

黒炭

広葉樹を原料とする炭で、火つきも火力もよく煙や匂いも少ないのでBBQにうってつけ。ただし海外産のマングローブを原料とする黒炭だと、火保ちが悪く匂いと煙も強いので、購入時はしっかりと区別したい。

白炭

いわゆる備長炭。火つけは非常に難しいが火保ちに優れ、煙も匂いもほぼ出ないので肉や魚が美味しく焼き上がる。キャンプで使うなら、黒炭の上に少量を置いて使うとよい。

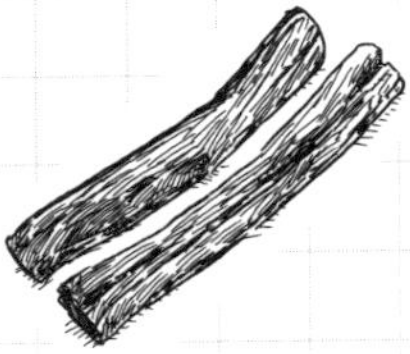

オガ炭（成形炭）

おがくずを圧縮成形した炭。火つきは可もなく不可もなくだが火保ちはそこそこで、煙や匂いも少なめと扱いやすい。価格も手頃だ。

豆炭

石炭や木炭などの粉を混ぜて固めたものが元になった炭。火つけはラクだが匂いや煙が非常に強く、BBQには向かない。ダッチオーブンなどに使うといいだろう。

基礎の基礎09

基本のロープワーク

キャンプでの実用性が高い3つのロープワークがこちら。
正しい結び方は強度も高まるので安全性も向上する。覚えておいて損はない。

自在結び

自在金具がなくてもロープのテンションや長さを自由に変えられる「自在結び」。張り綱を石や立木に結ぶときなどに重宝する。

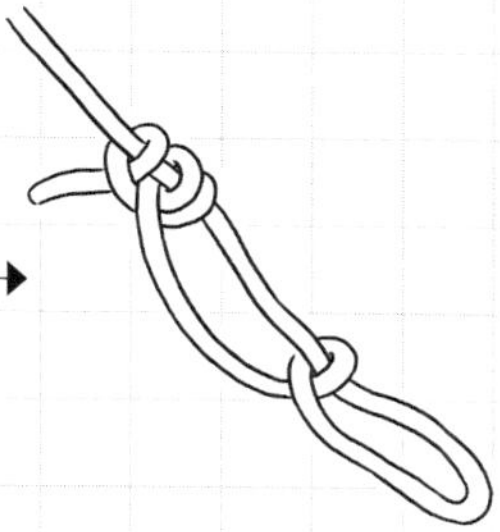

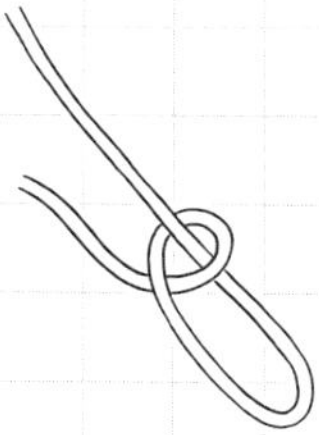

1

結びつける対象と少し離した場所に結び目を作る。ロープ末端をメインのロープの下から交差させて、ループの中に戻す。

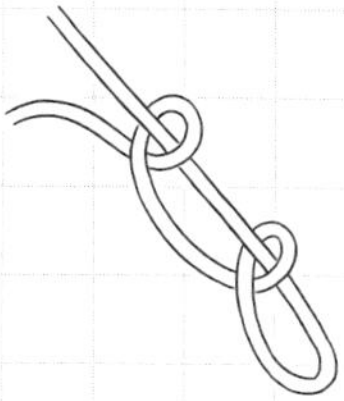

2

手順1で作った結び目から少し離した場所に、同じ結び目を作る。

3

手順2で作った結び目の中に3個目となる同じ結び目を作る。

4

最後にもう一度同じ結び目を作って完成。2〜4個目の結び目はくっつけて作るのがポイント。

もやい結び

ロープワークの基本中の基本。強度が高いのにほどきやすいので、使い勝手がよい。テントやタープに張り綱を結ぶときに使いたい。

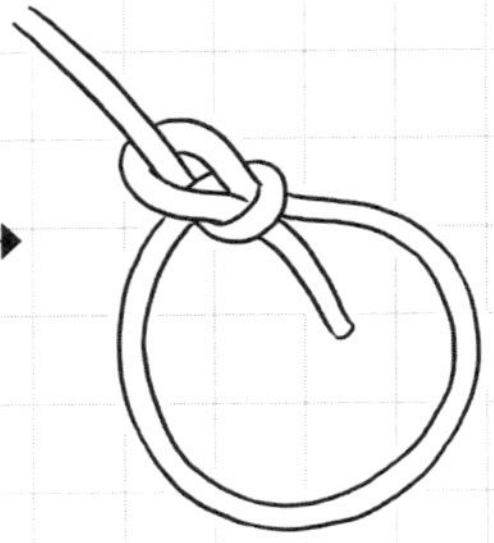

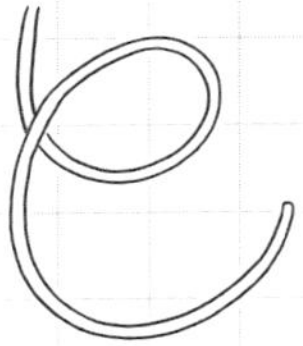

1

ロープの途中に小さなループを作る。末端側のロープをループの上側にするのがポイント。

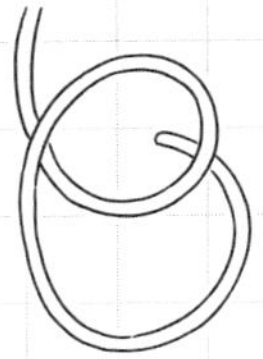

2

手順1で作ったループに、下側からロープを通す。

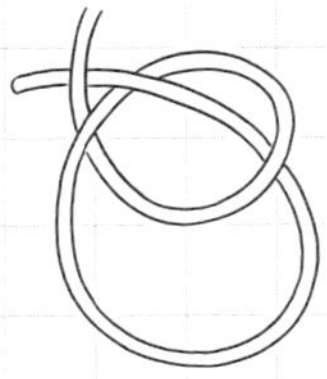

3

ループの大きさを調整しながら、末端をメインロープの下にくぐらせる。

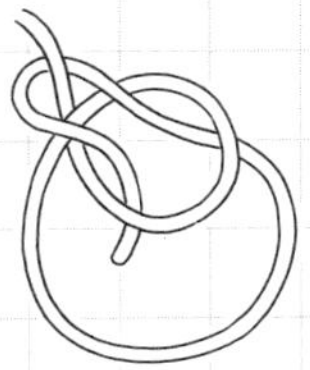

4

メインロープを巻くようにしながら、末端をループの中に戻す。

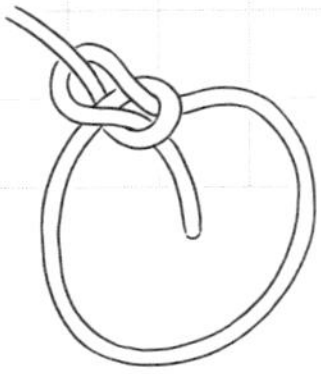

5

末端とメインロープを上下に引いて結び目を締めれば完成。

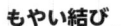

棒結び

キャンプ道具のロープ類は、適当に片付けると絡んでしまい、ほどくのにもひと苦労。この「棒結び」で軒並み美しくまとめてしまおう。

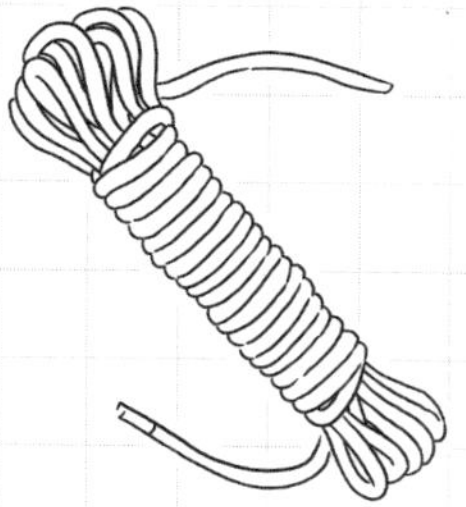

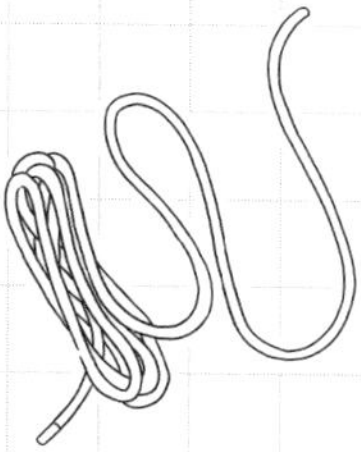

1

ロープを適当な長さで折り返して、束になるように重ねていく。

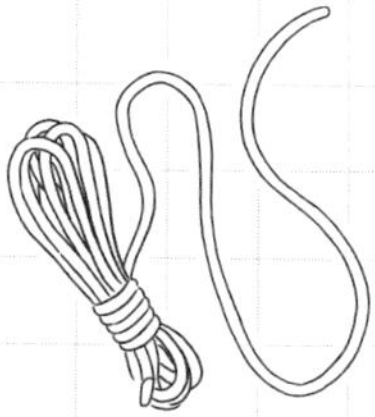

2

束になったロープの末端側から、残ったロープを巻きつけていく。

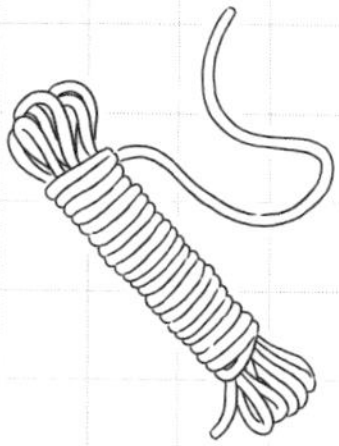

3

巻きつけるロープが重ならないよう、きれいに巻いていくのがポイント。

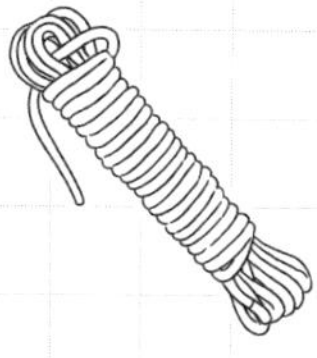

4

巻き終わったら、余ったロープの末端を端にできたすべてのループに通す。

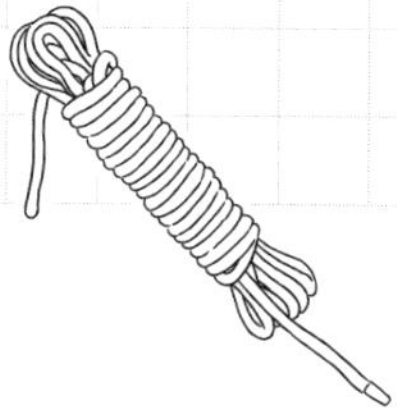

5

反対側のループにある末端を引っ張ると、もう片方のループが絞まって固定される。

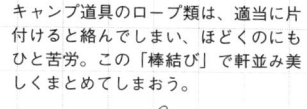

基礎の基礎10

救急セットに入れる物

キャンプでの不測の事態に対応するために、応急処置ができる道具一式を用意したい。濡れないよう、防水バッグに入れるのが◎。

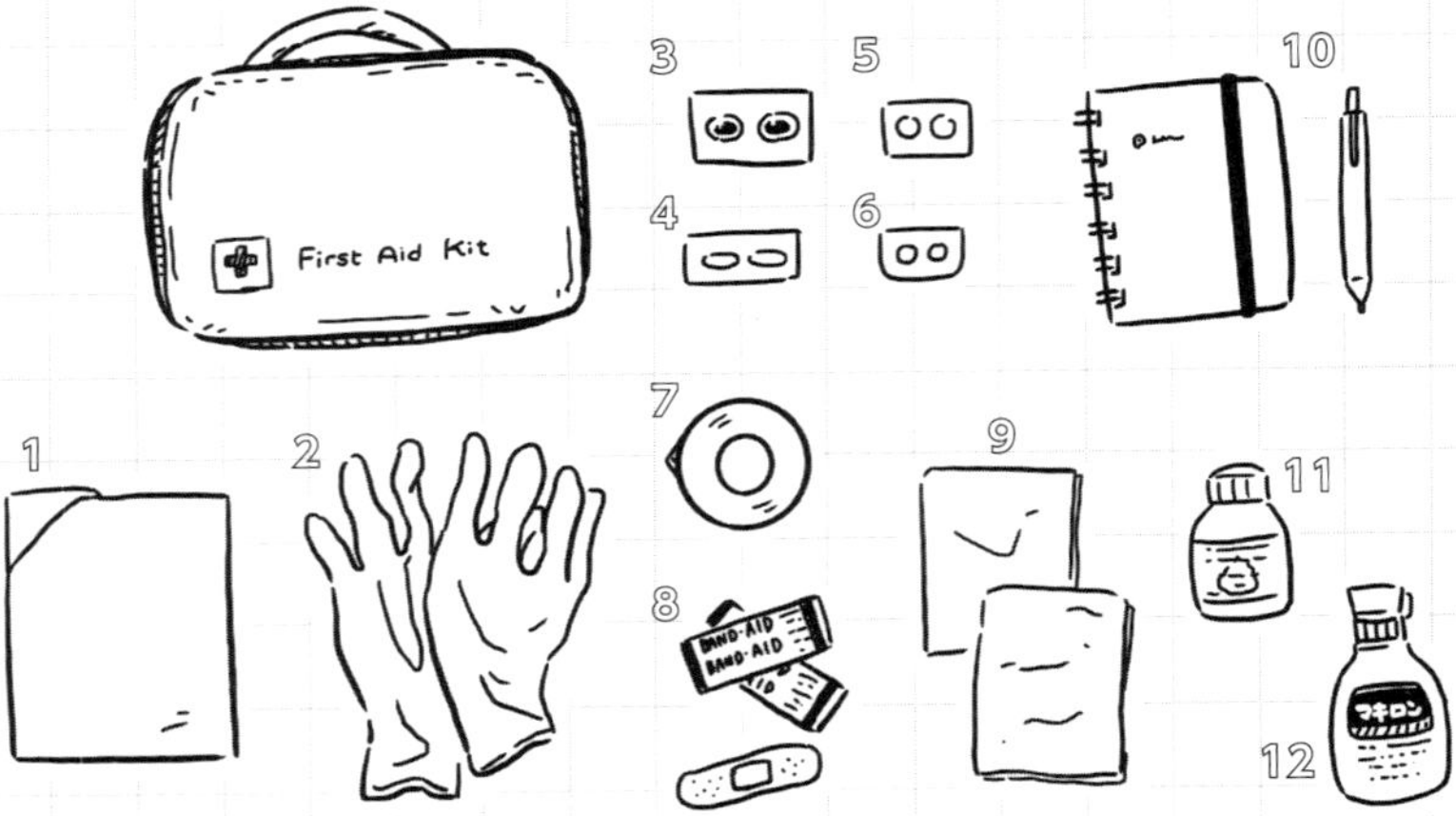

□ 1 三角巾

□ 2 医療用手袋

□ 3 総合感冒薬

□ 4 解熱・鎮痛剤

□ 5 持病薬

□ 6 下痢止め

□ 7 サージカルテープ

□ 8 絆創膏

□ 9 滅菌ガーゼ

□ 10 筆記具

□ 11 胃腸薬

□ 12 消毒薬

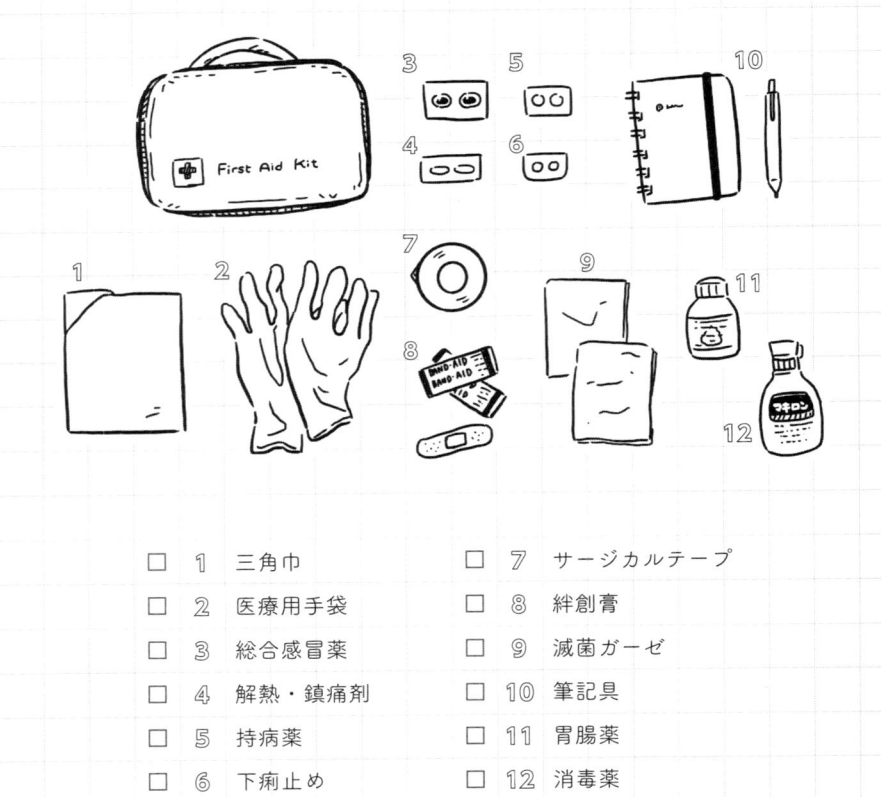

キャンプの通言100

**キャンプ業界人やツウな人たちが
使っている粋な言葉（＝キャンプの通言）から、
厳選した100語を紹介します。**

01 ― **アウトフレーム**

【あうとふれーむ】吊り下げ式テントのこと。アウター（フライ）にポールを入れて立ち上げるテントで、インナーはアウターに吊り下がっているものが多い。**【別称】**アウターフレーム **【用例】**やっぱりアウトフレームは悪天候時に設営がラクだね！ インナー濡れないし。

02 ― **アルスト**

【あるすと】アルコールストーブのこと。アルミ缶で自作することもでき、軽量なことからUL系（後述）ハイカーに人気。**【用例】**コカのニーゴー缶（コカ・コーラの250mLの缶）で作ったアルストはカワイイね！

03 ― **イーストン**

【いーすとん】カーボンフレームのメーカーのひとつ。アメリカ代表するスポーツ総合ブランドで信頼性が非常に高い。**【用例】**DACのポールもいいけど、やっぱりイーストンの信頼性は高いよね〜。

04 ― **インフレータブル**

【いんふれーたぶる】スリーピングマットの種類のひとつ。バルブを開けるだけで中のウレタンが自動的に膨らんでくれるので、エアーを入れるのがラク。**【別称】**自動膨張式 **【用例】**軽量コンパクトなエアーはいいけど、高いし空気入れるの面倒。でもインフレータブルだと自動膨張してくれるからラクだよね。

05 ― **魚座型ポール**

【うおざがたぽーる】テントフレームデザインのひとつ。魚座の星座記号に似ていることからその名が付いた。設営時にポールが2点でクロスする設計により、天井部が平らになることでヘッドクリアランスが広く、風にも強くなる。**【用例】**ポールが長い分ちょっと重いけど、居住性と剛性で魚座買っちゃった。

06 ― **OH**

【おーえいち】オーバーホール（分解してメンテナンスする）のこと。ガソリン式2バーナーやランタンなどは、たまに分解洗浄してあげることで急なトラブルなどを回避できる。**【用例】**最近こいつ機嫌が悪いんだよね〜 久しぶりにOHすっかな。

07 ― **オールインワンテント**

【おーるいんわんてんと】2ルームテントのこと。リビングスペースと寝室スペースがあるので、別途タープなどを設営する必要がない。**【用例】**うちはまだ子どもが小さいから、悪天候でも安心できるオールインワンテントにしたよ。

08 ― **小川張り**

【おがわばり】タープとテントの連結方法のひとつ。タープの後ろ側のポールをテントの後方に配置することで、出入りの際にポールが邪魔になりにくい。オガワから発売されているシステムタープ（およびセッティングテープ）が元となり、こう呼ばれるように。**【用例】**太郎：ここにテントを張れば雨が降っても濡れずにタープ下に移動できるんだけど、ポールが邪魔で……。次郎：なら小川張りすればいいじゃん。

09 ― **熾き**

【おき】薪から炎が上がっておらず、炭のように赤く熱を発している状態のこと。鍋釜で調理をする場合はこの状態がよい。**【別称】**熾火 **【用例】**薪が熾きになったらそこのダッチオーブンの蓋にいくつか置いといて！

10 − **お花摘み**

【おはなつみ】女性が用を足しにいくこと。しゃがんでいる姿がお花を摘んでいるように見えることに由来。トイレのない登山でよく使われる。**【別称】**花摘み**【用例】**花子：ちょっとお花摘みに……。太郎：なんのお花を摘みに行くの？　一緒に行こうか？（絶対に行っちゃだめ）

11 − **ガイ（ライン）**

【がい（らいん）】テントやタープの張り綱のこと。ナイロン、アラミド（パラ）など、素材や太さの違う、たくさんの種類がある。**【別称】**ガイロープ・細引き**【用例】**今日は風が強いから、ガイだけはしっかり張っておこう。

12 − **片刃**

【かたは】ナタの刃の種類。大きく分けると片刃と両刃がある。片刃は削ったり枝を払うような作業に向いており、薪割は両刃のほうがよい**【対義語】**両刃**【用例】**薪を現地調達したくて、枝払い用に新しく片刃買ってみたんだよね。

13 − **かまぼこ型**

【かまぼこがた】トンネル形状のテントのこと。アウトフレームになっているものが多く、自立はしないが同方向にポールを入れるだけなので設営がラク。**【別称】**トンネル型**【用例】**やっぱり〝かまぼこ〟は設営がラクだね～。ガイをしっかりやらないと、風に弱い一面もあるけどね。

14 − **仮ペグ**

【かりぺぐ】軽くペグを打っておくこと。モノポール（後述）やタープなどを設営する際はとくに、形をしっかりと出すために最初は仮ペグし、形を整えてからペグダウンするのが基本。**【用例】**そこの両端、まだ仮ペグだからしっかり打ち込んどいて！

15 − **ガレージ**

【がれーじ】ガレージブランドのこと。その名の通り、ガレージでの趣味からスタートしたブランドのことを指す。昨今、日本でも多くのブランドが出てきている。**【用例】**そのキャンプエプロン使いやすそう！　どこのガレージのやつ？

16 − **カンガルースタイル**

【かんがるーすたいる】大型幕の中に小型のテント（インナー）を入れること。そのスタイルを（子をお腹の袋に入れる）カンガルーに重ねて表現した言葉。近年増えているスタイルのひとつ。**【用例】**今回のキャンプは寒そうだったからカンガルースタイルにしたよ。

17 − **かんざし**

【かんざし】テント上部に取り付ける短いポールのこと。このかんざしがあることで、ヘッドクリアランスが広がり、居住性が高まる。**【別称】**リッジポール**【用例】**かんざしがあると、インナーがほぼ垂直になるから出入りもラクだよね。

18 − **完ソロ**

【かんそろ】周囲に人がおらず、完全に1人でキャンプすること。サラリーマンにはハードルが高いが、平日しかも雨予報だと完ソロになる可能性は高い。**【用例】**有給使ってこないだ平日キャンプ行ったら、完ソロだったよ！　管理人も夕方帰っちゃったし。

19 − **雉撃ち**

【きじうち】登山中などに男性が用を足すこと。草陰に隠れてキジを狙っている姿に似ていることから、こう呼ばれるように。大は大雉（おおきじ）、小は小雉（こきじ）という。**【別称】**レコーディング・横浜**【用例】**太郎：ちょっと大雉撃ってくるよ。次郎：じゃ俺はレコーディング（おトイレ）に。三郎：だったら俺は横浜（045＝オシッコ）行くわ。

20 − **キャノピー**

【きゃのぴー】ひさしのこと。テントの出入口の生地をポールで持ち上げ、張り出させることでタープの役割を担わせる。**【別称】**張り出し**【用例】**そのポール使って、キャノピーをせり出しといて。開放感出るから。

21 − **キャンステ**

【きゃんすて】キャンプステッカーのこと。好きなブランドのステッカーを車やギアボックスなどに貼ることで、周囲と道具がかぶっても識別しやすくなる。最近は自作のキャンステを作る人も増加中。**【用例】**友だちにお願いしてオリジナルのキャンステ作っちゃった！

22 − **キンク**

【きんく】ロープがねじれていること。クライマーがよく使う言葉。キンクした状態のロープを使用すると強度が低下するので危険。**【用例】**そこのガイライン、キンクしてるから直しておいてね。

23 – **クワサ**

【くくさ】 白樺の瘤をくり抜いて作ったマグのこと。北欧では「もらった人は幸せになる」という言い伝えがあり、大切な人へのプレゼントとして定番。**【用例】** このククサ、まだ塩の味が出てくるな……。※ククサは塩水で煮込んで作るので、使い始めは塩味がする

24 – **グリドル**

【ぐりどる】 鉄板のこと。あまり使われない言葉だが、玄人っぽさがある（笑）。**【用例】** このグリドル、例の焚き火台にシンデレラフィットなんだよ〜。

25 – **クローズドセル**

【くろーずどせる】 ウレタンマットのこと。ウレタンそのままの製品もあれば、ズレ防止やクッション性をよくするために凹凸を付けたり、熱反射素材をラミネートした製品もある。**【用例】** かさ張るけど、パンクとかの心配のないクローズドセルは安心感が違うよね。

26 – **グローブ**

【ぐろーぶ】 ランタンの火を包み込むガラスのこと。**【別称】** ホヤ **【用例】** こないだのキャンプでグローブ割っちゃってさ。ショックでかいよ。

27 – **クロス（ポール）**

【くろす（ぽーる）】 テントフレームデザインのひとつ。ドームテントの基本的な形。**【別称】** クロスフレーム・X型 **【用例】** クロスのテントは基本的にポールが同じだから設営しやすいよね。

28 – **ケトル**

【けとる】 やかんのこと。**【用例】** コーヒー飲みたいから、そこのケトルでお湯沸かしといて！

29 – **ケロシン**

【けろしん】 灯油のこと。ガソリンストーブによっては、使う燃料（ケロシンorガソリン）に応じて、ジェット（燃料が出る部分）を自分で付け替える必要がある。また、そういった製品のジェットには、通常「G」（ガソリン用または「K」（ケロシン用）が明記されている。**【用例】** それ灯油でしょ。だったら付け替えたほうがいいよ「K」って書いてあるジェットに。

30 – **玄能**

【げんのう】 ハンマーのことを指すが、厳密には片側が凸状になってるものを表す。キャンパー用語というよりは職人さんが使う言葉だが、ジョブキャン（後述）をしている一部の人間にも使われている。**【別称】** とんかち・づち **【用例】** そこの玄能取ってくれる？　あっ、ハンマーのことね。

31 – **ザイル**

【ざいる】 クライミングロープのこと。ザイルはドイツ語の呼び名で、英語であるロープも同じ。**【別称】** ダイナミック **【用例】** ザイルでハンモック吊るしちゃっていいよね？

32 – **COC**

【しーおーしー】 コールマン・アウトドア・クラブのこと。同ブランドをこよなく愛する人たちはもちろん、会員になるとお得な特典や会員限定のイベントにも参加できる。**【関連語】** COCミーティング **【用例】** こないだCOCミーティングに行ってきたよ。

33 – **シーム**

【しーむ】 目止めのこと。テントやレインウエアの縫い目には目止め処理が施されている。劣化によってシームが剥離することがあるが、テントに関しては比較的ラクにリペアできる。**【関連語】** シームテープ **【用例】** シームが剥がれても、市販のシームテープとアイロンで簡単にリペアできるよ。

34 – **ジェネレータ**

【じぇねれーたー】 燃料を送り込む筒のこと。液体燃料のランタンやバーナーは、ジェネレーターを熱することで燃料が気化され、火や炎が出る。**【別称】** ジェネ **【関連用語】** 発電機（ジェネ）**【用例】** 客：すみません。413のジェネレーターください。店員：2バーナーのジェネですね。

35 – **ジュラペグ**

【じゅらぺぐ】 アルミ製ペグ全般のことで、ジェラルミンを使ったペグを指す。真っ直ぐ打たないと曲がってしまいがち。**【用例】** ユニフレ（ユニフレーム）のジュラペグは平打ちだから強いよね。

36 – **ジョブキャン**

【じょぶきゃん】 アウトドア業界で働く人が仕事でキャンプすること。**【用例】** かれこれ3週連続でジョブキャンだよ。さすがに疲れてきたよね〜。

37 – **シルナイロン**

【しるないろん】 シリコンコーティングを施した生地の

こと。テントをはじめ、スタッフサックやサコッシュなどにも使われている。**【別称】**シリ**【用例】**やっぱりシルは軽くていいよね。でも火の粉に気をつけないと、すぐに穴開いちゃうよ。

38 – 白ガス

【しろがす】ホワイトガソリンのこと。最近は手軽さからLPガス系の燃焼器具を使う人が増えているが、その一方で白ガスを燃料とする器具はベテランアウトドアズマンから根強い人気を誇る。**【別称】**ホワイト**【用例】**やっべ、白ガスないや……。売店で売ってたかな〜。

39 – シングル

【しんぐる】シングルウォールテントのこと。防水透湿生地一枚だけのテント。非常に軽量でアルパインクライマーに人気。**【関連用語】**シングルバーナー（シングル）**【用例】**こないだの山行でシングル使ったんだけど、結露ハンパなかった！

40 – スカート

【すかーと】テントのアウターの下側についているヒラヒラのこと。冷気や風を遮断する効果があるが、その分通気性が悪くなるので換気に気を付けたい。**【用例】**スカートのおかげでテントの中が暖かいね。俺のテントはめちゃめちゃ寒いぞ。

41 – スタッキング

【すたっきんぐ】一般的には積み重ねることを表すが、アウトドアにおいては重ねてコンパクトに収納するという意味も含まれる。クッカーにマグやカトラリーを収める際にも使われる。**【用例】**シェラカップならメーカーが違っても大体スタッキングできるよ。

42 – スタッフサック

【すたっふさっく】小分けする袋や専用の収納袋のこと。ギアなどを小分けに持ち運ぶことで取り出しやすくなる。**【別称】**スタッフパック**【用例】**太郎：そろそろコンビニ袋やめてスタッフサックにしたら？　次郎：見栄え以前にガサガサうるさいもんね。

43 – ステルス張り

【すてるすばり】レクタ型タープなど、一枚ものでシェルターを作り出すこと。その形がステルス戦闘機のように見えることに由来。**【用例】**DDタープ買ったから今週末はステルス張りでばっちり決めちゃうぞ。

44 – ストライカー

【すとらいかー】着火器具のこと。主にマグネシウムの本体とストライカー（薄い金属板）がセットになっている。本体にストライカーを擦ることで火花が出る。**【別称】**メタルマッチ・ファイヤースターター**【用例】**このストライカー、水に濡れても大丈夫だし、三千回使えるんだって！

45 – スパッタシート

【すぱったしーと】防炎シートのこと。焚き火台の下などに使用することで熱による地面へのダメージを軽減できる。シリカファイバーを織り込んだシートは耐熱性が高く、カーボンフェルト製のもは断熱性に優れる。**【用例】**その焚き火台、端から薪が落っこちるからスパッタシート敷いたほうがいいよ。

46 – スポーク

【すぽーく】先割れスプーンのこと。厳密には違うが、これひとつでスプーンとフォークを兼用できるので、持参するカトラリーを減らすことができる。**【用例】**スポーク使ってるとさ、小学生のころ思い出さない？

47 – セットバック

【せっとばっく】後ろに下げること。サイトレイアウトをしているときによく使う言葉。**【用例】**クルマちょっと前に出してさ、テントをもう少しセットバックすればタープも張れるんじゃない？

48 – ソリステ

【そりすて】スノーピークの鍛造ペグ「ソリッドステイク」の略称。鍛造ペグの代名詞にもなっている。最近ではカラー付きの鍛造ペグ「エリッゼステーク」（エリステ）も人気。**【用例】**キャンプ行くたびにソリステの数が減ってくからさ、こないだエリステ赤、買ってみたよ。

49 – 耐水圧

【たいすいあつ】どのくらいの水圧に耐えられるかを数値化したもの。生地の上に1㎝四方の筒を置いて水を入れ、裏側に染み出てきたときの数値を表す。耐水圧10000㎜であれば10mの高さまで注いだ水に耐えられたということ。登山用のレインウエアは耐水圧20000㎜以上を推奨。**【用例】**PVCのグランドシートだと安心感が違うよね。耐水圧10000㎜以上あるもんな。

50 – ダブルウォール

【だぶるうぉーる】ダブルウォールテントのこと。インナーとフライで構成されたテントで、一般的なテントの多くはダブルウォール仕様となっている。**【用例】**同じダブルウォールでも、吊り下げ式はインナーも一緒に立ち上がってくれるからラクだよね。

51 – 鍛造（ペグ）

【たんぞう（ぺぐ）】金属を叩いて成形する加工法。溶かして型に流し込む鋳造とは違い、叩くことで結晶が整い、気泡がなくなるため粘り強いものができる。【用例】太郎：今日は風が強まりそうだね。次郎：じゃあ、タープは鍛造でがっちり打ち込んどくか。

52 – チャークロス

【ちゃーくろす】炭布のこと。ストライカーなどで発生させた火花をチャークロスに落とすことにより、それが火口となる。自作することも可能。【用例】チャークロスから火をおこすと「火を育てる」っていう感覚がわかるよね。

53 – チャコスタ

【ちゃこすた】チャコールスターターの略。チャコール（豆炭）を効率よく着火させる道具。多くのチャコスタは筒状で、煙突効果により炭おこしを促進する。【用例】やっぱチャコスタは炭がおきるのが早いね！

54 – ツェルト

【つぇると】もともとはトレッキングポールや枝などで設営する、登山時の緊急用ビバークシェルターを指す。小さいものだと350mL缶とほぼ同サイズ。近年ではポールが付属し、簡易テントとして使用できるものもある。【用例】こないだの山行で急に天候崩れちゃってさ。いつもお守り的に携行してるツェルトが役に立ったよ。

55 – T/C

【てぃーしー】コットンと化繊の混紡生地のこと。近年キャンプ場に増えてきている白い幕体は、ほとんどがT/C素材のテント。通気性のあるコットンが混紡されているのでテント内も快適。【別称】テクニカルコットン【用例】最終的にはT/Cにマキスト（薪ストーブ）入れるキャンプが目標だね。

56 – デイジー（チェーン）

【でいじー（ちぇーん）】チェーンのようなループが設けられた紐のこと。元来クライミングで使用されるアイテムだが、モノを吊る用途で利用する人が増え、キャンプ用の簡易版も製品化されている。【別称】ネビュラチェーン【用例】太郎：そこのフレームの間にデイジーわたしとく？　花子：うん。キッチンツール掛けちゃおう。

57 – ティンダー

【てぃんだー】固形燃料、着火剤のこと。濡れても使用できるものや天然油分のものなど、多岐にわたる。ワセリンとコットンボールで自作もできる。昔からアウトドアをやっている人間は「固形燃料＝エスビット製」のイメージ。【関連語】エスビット【用例】なかなか火がつかない？　ティンダー2、3個入れておけば大丈夫でしょ。

58 – デカール

【でかーる】ロゴステッカーのこと。コールマンのビンテージランタンなどは、燃料タンクに貼られたデカールの状態の良し悪しで取引相場も変わる。【用例】こないだのイベントでMSRのデカールもらったからクルマに貼ろっと。

59 – 鉄骨

【てっこつ】オガワのロッジ型テントの総称。鉄骨好きが集う「てっこつ団」というコミュニティも存在する。【用例】やっぱり鉄骨ならオガワのロッジっしょ！　一人でも設営できるし。

60 – デニール

【でにーる】テントやウエアなど生地の番手または単位のこと。生地を触っただけで「○○デニールぐらいだね」と言えるようになると上級者。【別称】D（ディー）【用例】耐久性を考えると、薄くても70デニールくらいはほしいよね。

61 – デュオキャン

【でゅおきゃん】2人で行うキャンプのこと。【用例】太郎：今度俺とデュオキャン行かない？　花子：えっ次郎君も一緒じゃないとヤダ！　太郎：デュオキャンにならないじゃん……。

62 – テルモス

【てるもす】ステンレス製魔法瓶「サーモス」のこと。テルモスはドイツ語読みで、山をやってる人の間ではこちらの名称で通っている。【用例】俺のテルモス20年選手だよ～もうボコボコ……。でもまだ使えるんだよね。

63 – ドッキング

【どっきんぐ】シェルターとテントを連結すること。ガンダムやSFで育った世代としては使いたくなる言葉。【用例】オガワのピスタとラナのドッキングが一番しっくりくると思うよ。

64 – ドローコード

【どろーこーど】締め込む紐のこと。ウエアの袖口や着裾、シュラフの口などを締め込むコードで、締め込むことにより風や雨が入り込むのを防ぐ。**【用例】**風が出てきたからドローコードちゃんと締めておこうぜ。

65 – ドロップダウン

【どろっぷだうん】ガスの気化熱によりガス缶の温度が下がり、火力が落ちること。ドロップダウンした缶は、手で覆ったりして温めると復活する。寒冷地では、寝るときに一緒にシュラフに入れておくことで、翌朝もしっかり使える。**【用例】**ドロップダウンしちゃって火力が上がらないから、一回湯浴みさせよう。

66 – ナルゲン（ボトル）

【なるげん（ぼとる）】バックパッカー御用達の水筒。最近は、小型サイズのナルゲンを行動食入れとして使う人もいる。**【用例】**太郎：俺のナルゲン、蓄光なんだぜ〜。次郎：夜でもすぐに見つけられるね！

67 – ノット

【のっと】ロープワークのこと。アウトドアズマンなら5種類くらいは覚えておきたい。雨の日のキャンプ、ソロキャンプの晩酌時などは、ノットの練習がいい暇つぶしになる。**【別称】**ヒッチ**【用例】**今、飲み屋のカウンターでノットの練習してるんだけど、隣のおっちゃんが元ボーイスカウトらしくてスゲー教えてくれる。

68 – パーコ（レーター）

【ぱーこ（れーたー）】コーヒー抽出器具のこと。ペーパーを使わないので、コーヒーの油分をダイレクトに楽しめる。注ぎ口からお湯だけを捨てられるので、パスタを茹でるなどの応用的な使い方も可。**【用例】**パーコはお湯を沸かしてから粉を入れるのが基本だぞ。一度火から降ろさないと、チューブから湯が吹き出ちゃうよ。

69 – ハード

【はーど】ハードクーラーのこと。クーラーは一般的にハードとソフトの2種類に区分され、ハードは堅牢なゴツいものが人気。**【対義語】**ソフト**【用例】**イエティ、オルカ、イグルー……。ハードは迷うよね……。

70 – パッカブル

【ぱっかぶる】本体に収納できる仕様のこと。ウエアなどによく使われる収納設計で、ポケットがスタッフサック代わりになっているものが多い。**【別称】**ポケッタブル**【用例】**太郎：このダウン、小さく収納したいなぁ。次郎：どっちかのポケットの裏にファスナータブ付いてない？　付いてればパッカブルにできるよ！

71 – パッキング

【ぱっきんぐ】荷造り、荷詰めのこと。登山時のパッキングは、体積が大きくて重量が小さいものを下に。重量が大きいものは、真ん中（できれば背中に近い場所）に詰めるのが鉄則。近年のザックは、このパッキングありきでデザインされている。**【用例】**ザックを背負いやすくしたいなら、パッキングのコツをマスターしなきゃ。

72 – パップテント

【ぱっぷてんと】もともとは軍の遠征用に作られた小型テントで、近年はリプロダクト品が日本のメーカーからも販売されている。**【別称】**軍幕**【用例】**太郎：パップテント手に入れたよ。次郎：じゃあ鉄キャン（電車でキャンプ）行こうよ。

73 – パテペン

【ぱてぺん】「パテントペンディング＝特許出願中」という意味だが、アウトドアにおいては、１９６５〜１９７０年頃に発売されたコールマン製ガソリンランタン・２００Ａのことを表す。**【用例】**その２００Ａのデカール、パテペンの表記付きじゃん。

74 – バトニング

【ばとにんぐ】ナイフで薪を割る手法のこと。斧のように振り下ろすのではなく、薪にナイフを当てて、上から別の薪など（バトン）で叩いて割っていくので危険性も低い。**【別称】**バト**【用例】**バトニングするなら、もう少し厚みのあるナイフがいいよ。

75 – パネル

【ぱねる】メーカーの人間がよく使う言葉で、テントのウォールのうち開閉できる部分のことを指す。**【用例】**ちょっと寒くなってきたから、そのメッシュになってるパネル閉めちゃって。

76 – バンジーコード

【ばんじーこーど】テントのポールの中に入っているゴム紐、バックパックのフロント面に配された（モノを挟み込むための）ゴム紐などの総称。**【別称】**ショックコード・バンジー【用例】ポールのバンジーがユルユルになってきたな……。今度付け替えよう。

77 – PVC

【ぴーぶいしー】ポリ塩化ビニールのこと。防水性が高いので、大型テントのインナーのフロアやグランドシートにもよく使われる。【別称】塩ビ【用例】インナーテントのフロアがPVCだと、耐久性も高いし雨でも安心だね。

78 – ビナ

【びな】カラビナのこと。本格的なビナはクライミングなどに使われるが、山場では使えないキーホルダー的なものもある。【用例】このビナって本チャン？ 本チャンならハンモック吊っちゃおうよ。

79 – ファーストエイド

【ふぁーすとえいど】応急処置・手当てのこと。近くに病院のないフィールドに通うアウトドアズマンであれば、最低限の知識は持っておきたい。【用例】絆創膏？そこのファーストエイドキットの中に入ってるよ。

80 – ファイヤーブラスター

【ふぁいやーぶらすたー】火吹き棒のこと。熾きの状態の炭、火力の弱まった炭などに、ピンポイントで空気を送り込んで復活させるために使う。コツは一気に吹くのではなく、なるべく長く吹くこと。【用例】ファイヤーブラスターを使ったときの真っ赤になって炎が上がる感じが最高。

81 – ファットウッド

【ふぁっとうっど】松の木などの樹脂を多く含んだ部分のこと。枯れた松は樹脂が下の方に溜まり、樹脂を豊富に溜め込んだファットウッドになる。【用例】太郎：ちょっと裏の森に行ってファットウッド探してくるわ。次郎：この辺松林だからありそうだね。

82 – フェザースティック

【ふぇざーすてぃっく】薪や枝の表面を先端に向かって薄く削って作る着火剤。仕上がりがまるで木に羽が生えたように見えることからこの名が付いた。【用例】いつ見てもキミのフェザースティックは綺麗だな〜。もはや芸術の域！

83 – フラップ

【ふらっぷ】テントやウエアなどのファスナーをカバーする生地のこと。一般的なファスナーは風や水を通してしまうので、このフラップが守ってくれている。【用例】このメーカーのフラップ、いつもファスナーが噛んじゃうんだよな〜。

84 – プラティパス

【ぷらてぃぱす】カモノハシのロゴが特徴的なソフトボトルの代名詞的ブランド。使い終わってもペットボトルのように嵩張らず軽量。【別称】プラティ【用例】太郎：今日はワイン用のプラティ持ってきたよ。次郎：俺は焼酎と日本酒専用。多少匂いが残るからマジックで書いてきた。

85 – プラペグ

【ぷらぺぐ】多くのテントにデフォルトで付属するプラスチック製ペグのこと。柔らかめの地面では有効だが、硬い地面だと抜く際にヘッドが折れる場合も。【用例】これぐらいの柔らかい地面なら逆にプラペグのほうが効くと思うよ。

86 – プレヒート

【ぷれひーと】予熱のこと。ジェネレーターを熱する作業のほか、調理前にダッチオーブンに熱を入れる意味でも使われる。【用例】ガソリンストーブと女は、しっかりプレヒートしなきゃだめだよ（笑）。

87 – ヘッテン

【へってん】ヘッドライトのこと。昔は普通にヘッドライトやヘッドランプと言っていたが、いつからかこう呼ばれるように。【用例】最近マイルストーンのヘッテン使ってるんだよね。白じゃなくて暖色ってのがいいね。

88 – ペリペリ

【ペリペリ】面ファスナーのこと。オスとメスがある。【別称】ベルクロ・ベリベリ【用例】フライの内側にペリペリが付いてるからフレームにちゃんと付けておいて。

89 – ベンチ（レーション）

【べんち（レーション）】換気口のこと。ベンチを開けることで結露対策になる。【用例】下のベンチ開けといて。手が届くようなら上のベンチもお願い。

90 – ベント

【べんと】もともとポールが曲がっている部分および加工のこと。Rのキツイ部分にはあらかじめポールに曲げの加工が施されている。【用例】なるほど。ここのスリーブのRがきついから、ベント入れられてるんだね。

91 − **メリヤス**

【めりやす】靴下や肌着など、編み物の古称。往年の登山者は下着系を総称してメリヤスと呼ぶ。ザ・ノース・フェイスで有名なゴールドウイン社はメリヤス業から始まった。**【用例】**太郎：俺は下にメリヤスぶっ込んでるから全然寒くない！　次郎：わしゃ、ラクダぶっ込んできたぞ。

92 − **モノポール**

【ものぽーる】ワンポールテントのこと。人気のワンポールも進化を続け、最近では先端がY字や十字型のポールも出てきている。**【別称】**ティピ型**【用例】**モノポールは多角錘だから、風を上手に流してくれるね。

93 − **UL**

【ゆーえる】ウルトラライトのこと。装備から着衣まであらゆるものを軽量化し、フィールドに極力負荷を掛けないようするという精神的な観点から生まれたスタイル。**【用例】**太郎：完全なULは難しいけど、少しずつ軽量化していこうかな。次郎：その前に自分を軽量化しろよ。

94 − **ラウンド**

【らうんど】ヘキサやウィングタープのTOPの形状のこと。このラウンドを綺麗に出せるかどうかがキャンパーの腕の見せどころ。**【別称】**稜線**【用例】**いつ見てもモスのパラウイングタープのラウンドは美しいよね。

95 − **リップ（ストップ）**

【りっぷ（すとっぷ）】ポリ、ナイロン、コットンにナイロンの繊維を格子状に縫い込んでいる生地のこと。生地が裂けてもこの格子が食い止めてくれ、摩耗にも強い。**【別称】**このテント生地、シル（ナイロン）でリップにしてるんだね。軽くて丈夫そう。

96 − **リビシェル**

【りびしぇる】オガワやスノーピークが発売しているロッジ型リビングシェルターのこと。その形状から雨風に強く、全面がパネルになっており、メッシュにしたり捲くったりできるので開放感もある。**【別称】**宴会幕**【用例】**オガワのリビシェルT/Cなら、夏は涼しいし、冬はマキストぶっこめるから通年使えるよ。

97 − **6000番台**

【ろくせんばんだい】アルミの番手のこと。テントポールによく使われるのが6000番台と7000番台。7000番台のほうが強度は高い。**【関連語】**7000番台**【用例】**ここ部分は負荷が掛かりやすいから7000番台を使ってるんだね。

98 − **60／40クロス**

【ろくよんくろす】コットン60%ナイロン40%の混紡生地のこと。水分を含んだコットンの膨張を利用して防水性を高めるという、誕生当時は革新的な素材だった。**【別称】**ロクヨン**【用例】**60／40クロスと言ったらシエラ（デザイン）のマンパでしょ。

99 − **ロストル**

【ろすとる】焚き火台などに使われる、燃焼効率を高める底網のこと。これがあるのとないのとでは大違い！**【別称】**火格子**【用例】**このロストル、いい仕事してるわ〜。いい燃え方してる！

100 − **ロッキー（カップ）**

【ろっきー（かっぷ）】パイントサイズ（約480mL）のシェラカップのこと。オリジナルはマニア垂涎のアイテムで、現在はいろいろなメーカーからリプロダクトされている。**【別称】**ロッキー**【用例】**俺のロッキー知らない？　貴重なオリジナルだから、なくしたら大変。

著者紹介

牛田浩一

株式会社B.O.W代表取締役。化石堀りが趣味だった父の影響でアウトドアを始める。アウトドア用品の輸入卸会社の直営店を経て、広報・マーケティングに携わった後、アウトドア専門のアタッシュドプレスとして独立。PR、マーケティングをベースに撮影コーディネートやイベント運営など「アウトドアの何でも屋」として年間の1/3をフィールドで過ごし、たしなむアウトドアアクティビティは多岐にわたる。モットーは「四季を節操なく遊ぶ」。

※本書は三才ムック『fam』vol.03～09の連載『アウトドアの達人が教える基礎知識』を
大幅に加筆・修正して、再構成したものです。

A Beginners Guide to Camping

［著］牛田浩一

キャンプ雑学大全 2020 実用版

2019年12月19日　第1刷発行
2019年12月21日　第2刷発行

著者　牛田浩一
発行人　塩見正孝
発行所　株式会社三才ブックス
〒101-0041　東京都千代田区神田須田町2-6-5 OS'85ビル
TEL：03-3255-7995（代表）
FAX：03-5298-3520

印刷・製本　図書印刷株式会社

ISBN978-4-86673-180-3　　C2075